Inge Schmidtke

Lesekompetenz entwickeln

Band 1: Erzähltexte für die Grundschule

ab 2. Klasse

Persen Verlag

Aus Gründen der Übersichtlichkeit und besseren Lesbarkeit werden vorwiegend die Begriffe „Lehrer" und „Schüler" verwendet. Selbstverständlich sind auch die **Lehrerinnen** und **Schülerinnen** angesprochen.

Gedruckt auf umweltbewusst gefertigtem, chlorfrei gebleichtem und alterungsbeständigem Papier.

8. Auflage 2020
© 2004 PERSEN Verlag, Hamburg
AAP Lehrerwelt GmbH
Alle Rechte vorbehalten.

Grafik: Beate Hoyer
Satz: MouseDesign Medien AG, Zeven

ISBN 978-3-8344-3598-9

www.persen.de

Inhaltsverzeichnis

* Diese Erzählungen sind in der **Originalfassung** (📖) und in einer **gekürzten Fassung** (📖) abgedruckt. Die Arbeitsblätter zu den jeweiligen Fassungen enthalten die gleichen Symbole.

Einführung

Die Fähigkeit zum Lesen ist nach wie vor unerlässlich, um eine erfolgreiche Schul- und Berufsausbildung zu absolvieren sowie im Berufsleben und in der gesellschaftlichen Praxis bestehen zu können. Demzufolge bestimmt sie auch maßgeblich die soziale Position einer Person in der Gesellschaft und ihre Möglichkeit zur Teilnahme am demokratischen Leben. Gleichzeitig bildet sie die Basis für unsere Medienkultur, so ist beispielsweise der Umgang mit Computer und Internet – ohne lesen zu können – unmöglich.

Lesekompetenz wird definiert als die Fähigkeit, schriftliche Texte zweckentsprechend zu nutzen. Das bedeutet, dass man aus Texten Informationen ermitteln, ein allgemeines Verständnis des Textes aufbauen, den Text interpretieren sowie über Inhalt und Form des Textes reflektieren und den Text mit eigenen Erfahrungen, Vorwissen und Ideen in Beziehung setzen kann.

Die Lesekompetenz entwickelt sich bei Kindern sehr unterschiedlich.
Deshalb ist der vorliegende Band so konzipiert, dass eine Förderung leseschwächerer Schüler mitbedacht wurde, um ein mögliches Scheitern zu minimieren. Ein differenziertes Textangebot und unterschiedliche Leseaufträge ermöglichen es, die Kinder gezielt zu beraten, zu fördern und zu ermutigen.
Viele Texte streifen den Lebens- und Erfahrungsbereich der Kinder und wecken so deren Interesse. Kurze, einfache Texte sowie differenzierte Fassungen von etwas längeren Texten erleichtern Kindern mit Leseschwierigkeiten das Verstehen.

Die Arbeitsblätter zu den Märchen, Fabeln, Sagen und Schwänken zielen darauf ab, folgende Fähigkeiten der Kinder auszubauen:
- Informationen aus den Texten heraussuchen
- Aussagen verstehen und interpretieren
- Inhalt und Form – insbesondere Textsortenmerkmale – erkennen.

Der vorliegende Band ermöglicht es also, die Kinder an ihrem jeweiligen Leseniveau abzuholen und die Lesekompetenz auf unterschiedlichen Stufen weiterzuentwickeln.

Zu den Textsorten

Die vorliegenden **Erzählungen** wurden für Kinder verfasst, entstammen also der aktuellen Kinderliteratur. Sie sind durch Kürze und einfache Handlungen gekennzeichnet, die oft realistische Ereignisse widerspiegeln. Die Erzählperspektive ist hier meistens durch einen auktorialen Erzähler bestimmt, der aus der Außenperspektive alles überblickt. In einigen wenigen Texten (z.B. „Gökan hat Mut") gibt es einen Ich-Erzähler, der als rückblickender Erzähler auftritt. Hauptfiguren der Geschichten sind hier meistens Kinder, deren Erlebnisse im Familien- und Schulleben angesiedelt sind und mit denen sich die Schüler identifizieren können.

Märchen zählen zu den unterhaltsamen Prosaerzählungen, in denen es um Wunder und fantastische Begebenheiten geht.
„Frau Holle" und „Die drei Federn" gehören zu den Volksmärchen, die mündlich überliefert und von den Brüdern Grimm aufgeschrieben wurden.
Als grundlegende Gattungseigenschaften von Märchen gelten: Einsträngigkeit der meist fantastisch-wunderbaren Handlung, keine differenzierte Figurenzeichnung (sondern vereinfachte und im klaren Gegensatz stehende Figuren: gut – böse, arm – reich), Konzentration auf den Helden, feststehende Handlungsmuster und ein „glücklicher" Schluss.
Als weitere Merkmale werden die Vorliebe für Dialoge, Schauplätze mit starker Ausstrahlung, Farb- und Zahlensymbole (z.B. drei/sieben) sowie formelhafte Wendungen am Anfang und Ende (Es war einmal ... /Und wenn sie nicht gestorben sind ...) genannt.

Inge Schmidtke: Lesekompetenz entwickeln, Band 1
© Persen Verlag

Einführung

Der Begriff **Schwank** bezeichnet seit dem 15. Jahrhundert eine scherzhafte Erzählung, gehört also zur heiter harmlosen Gattung der Prosaliteratur. Die knappe, einsträngige Handlung wird meist geradlinig auf eine Pointe zugespitzt. Im Mittelpunkt steht eine komische Begebenheit, häufig die Verspottung eines Dummen durch einen Gerissenen mit List und Witz.

Die Schwänke von Till Eulenspiegel repräsentieren diese Gattung.

Die **Fabel** bezeichnet eine epische Kurzform, die in Prosa oder Versen abgefasst sein kann.

Sie ist eine meist kurze Erzählung, in der oft Tiere (seltener Pflanzen, Steine, ...) menschliche Eigenschaften und Verhaltensweisen verkörpern. So werden den Tieren oft typische, feststehende Eigenschaften zugeschrieben (z. B. List des Fuchses).

Die Fabel zielt meist auf eine Lehre, eine religiöse, moralische oder praktische Lebensweisheit, Belehrung oder Kritik – die Fabelmoral.

Merkmale der Fabel können weiterhin die gegensätzlichen Einstellungen oder Verhaltensweisen zweier oder mehrerer Tiere, ein kurzer Wechsel von Rede und Gegenrede, die dramatische Handlungsumkehr und die Ausrichtung auf eine wirkungsvolle Schlusspointe sein. Äsop ist ein typischer Vertreter der Fabeldichtung.

Die **Sage** ist eine auf mündlicher Überlieferung beruhende, kurze und geradlinige Erzählung, die oft unwahre, fantastische und übersinnliche Ereignisse zum Inhalt hat. Durch die Nennung von Namen, Daten und Orten sollen sie jedoch als Wahrheitsbericht aufgefasst werden.

Wie das Märchen trägt die Sage fantastisch-magische Züge; es treten Hexen, Zwerge, Riesen und Ungeheuer auf. Im Gegensatz zum Märchen haben Sagen aber einen stärkeren Realitätsbezug, da sie sich auf einen bestimmten Ort und/oder eine bestimmte historische Zeit beziehen.

Götter- und Heldensagen (wie „Siegfrieds Drachenkampf") gehören zu den ältesten Sagen.

Die Natursage gilt als eine eigene Gattung und ist häufig an bestimmte Landschaften (Hiddensee, Fichtelgebirge) gebunden, in denen mythische Gestalten auftreten.

Da Sagen oft stilistisch anspruchslos und mundartlich gefasst sind, wurden sie für Kinder oft neu geschrieben, wie die ausgewählten Sagen für dieses Buch.

Der Buchstabenclown

Der kleine Clown Popkorn soll nicht nur
jonglieren und Trompete blasen, sondern
auch lesen und schreiben lernen.
Also geht Popkorn in die Schule.

An einem Morgen
müssen die Kinder
ihre Hausaufgaben zeigen.
Popkorns Heft ist leer.
„Wo sind deine Sätze, Popkorn?",
fragt die Lehrerin.
„Hier", sagt Popkorn.
„Aber Popkorn!", ruft Frau Lohner.
„Mit Geheimtinte geschrieben",
sagt der kleine Clown.
„Man muss das Heft nur
auf den Heizkörper legen."
Frau Lohner legt Popkorns Heft
auf die Heizung.
Jetzt kommt wie durch Zauberhand
eine bräunliche Schrift zum Vorschein.
„Klasse", sagt die Lehrerin
und lacht.
„Wie hast du das denn gemacht?"
„Mit Zitronen- und Zwiebelsaft",
sagt Popkorn.

Eveline Hasler

Inge Schmidtke: Lesekompetenz entwickeln, Band 1
© Persen Verlag

Der Buchstabenclown

1. Ja oder Nein?
   Markiere.

❶ Der kleine Clown isst gern Popcorn.   P   Z

❷ Der kleine Clown heißt Popkorn.   I   O

❸ Er soll in der Schule jonglieren lernen.   L   T

❹ Er soll in der Schule lesen und schreiben lernen.   R   I

❺ Die Kinder sollen die Hausaufgaben zeigen.   O   N

❻ Die Kinder sollen die Hausaufgaben essen.   A   N

❼ Popkorns Heft ist leer.   E   O

❽ Popkorn hat seine Hausaufgaben
   mit Geheimtinte geschrieben.   N   W

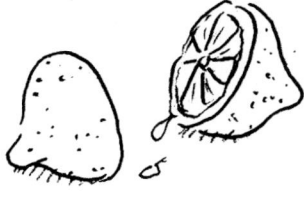

Lösungswort: __ __ __ __ __ __ __ __ __

2. Verbinde richtig.

Die Kinder   ist leer.

Popkorns Heft   wird auf den Heizkörper gelegt.

Die Lehrerin   müssen die Hausaufgaben zeigen.

Das leere Heft   hat mit Zitronen- und Zwiebelsaft geschrieben.

Dann kommt   fragt, wo Popkorns Hausaufgaben sind.

Popkorn   die Schrift zum Vorschein.

Der Buchstabenclown – Geheimtinten

1. Geheimtinte aus Zitronensaft

Drücke den Saft einer Zitrone aus
(z.B. mit einer Zitronenpresse).
Tauche einen Pinsel oder eine Feder
in den Zitronensaft und schreibe damit
auf ein Blatt Papier.
Die Schrift verschwindet beim Trocknen.
Wenn das Blatt vorsichtig erwärmt wird,
erscheint sie wieder.

2. Geheimtinte aus Salzwasser

Rühre in 3 Esslöffel Wasser
so lange Kochsalz ein,
bis das Wasser kein Salz mehr aufnimmt.
Wenn die Tinte trocknet,
wird auch hier die Schrift unsichtbar.
Durch langsames Erwärmen
kannst du sie wieder hervorzaubern.

3. Geheimschrift mit Wasserzeichen

Wasserzeichen sind unsichtbare
Erkennungszeichen im Papier.
Ist das Papier trocken, so sieht man nichts.
Sobald man es aber in Wasser taucht,
wird das Wasserzeichen sichtbar.

Wasserzeichen-Geheimschrift funktioniert so:
- Tauche ein Blatt Papier in Wasser und
  lege es auf eine glatte, feste Unterlage.
- Lege ein zweites, trockenes Blatt darauf.
- Schreibe mit einem harten Bleistift auf das Papier.
- Damit niemand deine Botschaft lesen kann,
  wirfst du das trockene Blatt sofort weg.

Die durchgedruckte Schrift verschwindet, sobald das Papier getrocknet ist.
Tauchst du das Blatt in Wasser, erscheint die Schrift wie von Zauberhand.

Inge Schmidtke: Lesekompetenz entwickeln, Band 1
© Persen Verlag

Vom Schneider und dem Elefanten

1. Bringe den Text in die richtige Reihenfolge.

- Schneide die Teile aus.
- Ordne sie und klebe sie auf.

Und als er wieder zu dem Schneider **S** kam, stellte er sich gerade vor ihn hin und blies ihm das Wasser ins Gesicht und über den ganzen Leib und ging weg.

Ein Elefant wurde zur Tränke getrieben, **N** vorbei an einem Schneider, der vor der Tür saß. Der Schneider hatte Äpfel neben sich liegen. Und als der Elefant die Äpfel sah, stand er still, streckte seinen Rüssel aus und holte einen nach dem andern weg.

Der Elefant sagte P´r´r´r **S** und ging weiter zur Tränke, trank sich satt und nahm einen Rüssel voll Wasser mit zurück.

Der Schneider wollte die Äpfel lieber **A** selbst essen, und als der Rüssel wieder kam, stach er mit seiner Nadel hinein.

nach Matthias Claudius

2. Zeichne ein Leporello.

- Male zu jedem Teil ein Bild (DIN A5).
- Klebe den passenden Text in jedes Bild.
- Klebe nun die Bilder wie eine Ziehharmonika aneinander. Achte auf die Reihenfolge!
- Nun kannst du dein Leporello aufstellen.

Die Mutter trägt frisch gewaschene Wäsche
in Ninas Zimmer.
Als sie herauskommt,
hat sie ihr Gewittergesicht aufgesetzt.
„Nina!", ruft sie. „Räum sofort auf da drin.
So eine Unordnung!"
Nina geht in ihr Zimmer.
Die Puppen liegen auf dem Teppich.
Die schauen den Stofftieren zu.
Die Bausteine liegen auf dem Teppich.
Die sollen ein Turm werden.
Die Bilderbücher liegen auf dem Teppich.
Die will Nina anschauen.
Die Autos liegen auf dem Teppich.
Die parken da.
Ein blau-weißer Ringelsocken liegt auf dem Teppich.
Der ist eine Schlange.
Papierschnipsel liegen auf dem Teppich.
Die sind das Futter für die Schlange.
„Ich seh keine Unordnung!",
ruft Nina in die Küche.

Renate Welsh

Inge Schmidtke: Lesekompetenz entwickeln, Band 1
© Persen Verlag

Nina und die Unordnung

1. Welche Antwort stimmt?
Markiere.

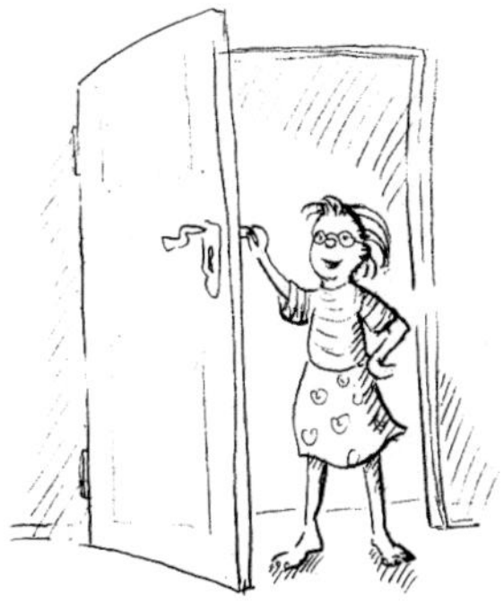

❶ Was trägt die Mutter in Ninas Zimmer?

- (I) Frische Eier.
- (T) Frische Wäsche.

❷ Warum setzt sie ein Gewittergesicht auf?

- (B) Weil es bald Regen gibt.
- (O) Weil Ninas Zimmer so unordentlich ist.

❸ Was soll Nina sofort tun?

- (L) Aufräumen.
- (S) Abwaschen.

❹ Was ruft Nina in die Küche?

- (L) „Ich sehe keine Unordnung!"
- (K) „Ich räume morgen auf!"

Lösungswort: __ __ __ __

2. Verbinde richtig.

Die Puppen   sollen zu einem Turm werden.

Die Bausteine   parken auf dem Teppich.

Die Bilderbücher   ist eine Schlange.

Die Autos   schauen den Stofftieren zu.

Ein Ringelsocken   will sich Nina anschauen.

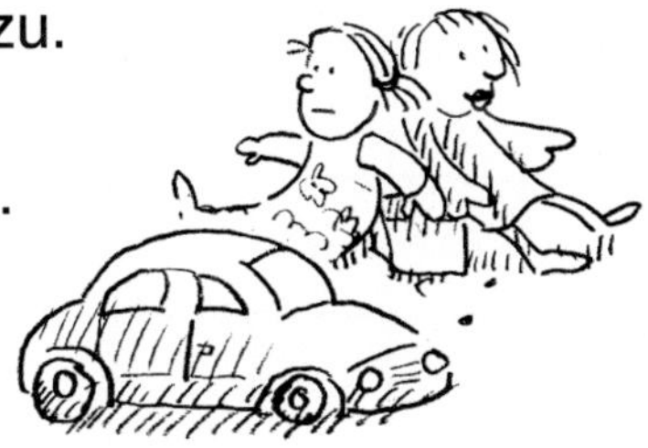

3. Schreibe auf.
Wie sieht es in deinem Zimmer mit der Ordnung aus?

_____

_____

_____

Nina und die Unordnung

Rätselgitter
8 Wörter sind hier versteckt.
Kreise sie ein. Die Bilder helfen dir.

S	T	E	G	U	H	M	R	W	Z	T	T	M	B	C	F
T	U	V	L	K	P	I	B	A	U	S	T	E	I	N	E
O	R	I	E	N	T	L	I	Z	M	W	A	X	L	S	O
F	S	S	C	H	B	C	E	S	T	P	I	F	D	V	C
F	I	E	D	O	I	R	L	C	H	M	L	K	E	F	O
T	U	R	M	F	M	K	D	H	D	G	L	N	R	O	P
I	L	D	E	R	B	A	U	L	I	H	R	A	B	V	T
E	B	E	R	F	A	S	C	A	B	D	T	W	U	G	M
R	L	P	I	F	L	T	K	N	M	G	V	K	C	I	A
E	T	F	H	D	O	R	Z	G	R	H	U	B	H	S	T
G	A	M	W	P	U	P	P	E	N	Z	B	L	H	A	R
N	Z	R	C	S	G	N	D	S	S	C	H	L	O	U	M
T	T	B	K	L	U	P	R	C	M	B	F	S	N	T	V
V	H	E	F	I	D	G	E	H	W	T	A	Z	K	O	F
P	R	I	N	G	E	L	S	O	C	K	E	B	P	M	U
K	S	I	W	Z	L	N	H	K	D	T	F	C	E	S	L

Inge Schmidtke: Lesekompetenz entwickeln, Band 1
© Persen Verlag

Liebste Mecker-Oma

„Tina, aufräumen", sagt Oma.
Sie schaut auf das Durcheinander
in Tinas Zimmer.
Legosteine und Puppen,
Kleider und Bücher, Autos und Bilder,
ein Malkasten und Murmeln ...

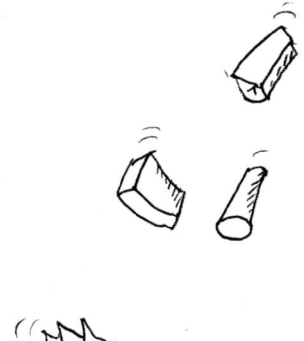

Tina sitzt in der Ecke und malt.
Tina hört Oma gar nicht zu.
Was Oma immer will!
„Du sollst aufräumen!", sagt Oma noch mal.
„Du bist eine richtige Rumpel-Tina!"
Tina hört auf zu malen. Sie ärgert sich.
Dann sagt sie:
„Und du bist eine Rumpel-Oma!
Und eine Mecker-Oma!"
Ob Oma jetzt wütend wird?

Tina hält die Luft an.
Oma hält auch die Luft an.
Tina schaut zu Oma.
Oma schaut zu Tina.
Dann müssen sie beide
auf einmal lachen.

„Plapper-Tina!", ruft Oma.
„Mecker-Oma", sagt Tina.
„Hampel-Tina", sagt Oma.
„Pumpel-Oma!", ruft Tina.
Sie schauen sich an und lachen.
„Und wer räumt jetzt auf?", fragt Oma.
„Die Rumpel-Plapper-Tina", sagt Tina.
„Und die Rumpel-Mecker-Oma hilft ihr",
sagt Oma.

Elisabeth Zöller

1. Verbinde jede Frage mit der richtigen Antwort.

Was soll Tina machen?	Tina befürchtet, dass die Oma wütend wird.
Wie sieht es in Tinas Zimmer aus?	Alles liegt durcheinander herum.
Warum will Tina nicht aufräumen?	Oma und Tina gemeinsam.
Warum befürchtet Tina, dass die Oma wütend wird?	Sie soll ihr Zimmer aufräumen.
Warum hält Tina die Luft an?	Weil Tina die Oma Mecker-Oma nennt.
Wer räumt das Zimmer zum Schluss auf?	Sie malt gerade.

2. Unterstreiche im Text mit verschiedenen Farben.
❶ Wie nennt Tina die Oma?
❷ Wie nennt die Oma Tina?

3. Erzähle oder schreibe.
Wie ist deine Ordnung im Zimmer?
Was hältst du vom Aufräumen?

Inge Schmidtke: Lesekompetenz entwickeln, Band 1
© Persen Verlag

Anna findet Lina doof. Wieso, hat sie vergessen.

Sie gehen beide in dieselbe Klasse, ohne je ein Wort zu wechseln.

Und jetzt sitzt Lina vor dem Fußballverein.

Ausgerechnet heute, wo Anna ihre erste Flötenstunde hat.

Blockflöte – so was Blödes!

Mama hat sie einfach angemeldet.

Neidisch starrt sie auf Linas nagelneue Fußballschuhe.

Doch Lina sieht gar nicht so glücklich damit aus. Im Gegenteil!

„Die heult ja gleich", denkt Anna. Also bleibt Anna stehen.

„Was ist denn mit dir los?", fragt sie mitleidig.

Lina schaut erstaunt hoch.

„Ich hasse Fußball!", stammelt sie.

„Aber Papa will unbedingt, dass ich's lerne.

Verstehst du?"

„Ich muss zu so einer doofen Flötenstunde!", stöhnt Anna.

„Aber das ist doch toll!", ruft Lina.

„Ich würde liebend gerne Flöte spielen!"

„Wirklich?", fragt Anna.

Sie hält ihren Fuß probeweise an Linas Fußballschuhe.

Lina versteht sofort. Fröhlich lachen sie sich an.

Ab jetzt treffen sich Anna und Lina jede Woche, um ihre Sachen zu tauschen.

Anna geht zum Fußball. Lina geht zum Flöten.

Und in der Schule sitzen die beiden neuerdings nebeneinander.

Julia Boehme

1. Welche Antwort stimmt? Markiere.

❶ Wer geht in dieselbe Klasse?

(F) Anne und Lina.

(T) Anna und Lina.

(G) Anne und Liane.

❷ Wo sitzt Lina?

(U) Auf dem Fußball.

(L) Vor dem Fußballtor.

(A) Vor dem Fußballverein.

❸ Wer will, dass Lina Fußball lernt?

(U) Ihr Vater.

(S) Ihre Mutter.

(O) Sie selbst.

❹ Warum ist Lina traurig?

(B) Weil Anna sie tritt.

(T) Weil sie ihre Schuhe verloren hat.

(S) Weil sie Fußball hasst.

❺ Wohin muss Anna gehen?

(A) Zum Fußball.

(C) Zur ersten Flötenstunde.

(E) Zur Oma.

❻ Wie findet Anna das Flöten?

(F) Lustig.

(K) Gut.

(H) Doof.

Lösungswort: __ __ __ __ __ __

2. Warum tauschen die Mädchen ihre Sachen?

_____

_____

3. Warum sitzen sie in der Schule jetzt nebeneinander?

_____

_____

Inge Schmidtke: Lesekompetenz entwickeln, Band 1
© Persen Verlag

Der Tausch

1. Schreibe auf.

Für welches Hobby würdest du dich entscheiden? Warum?

_____

_____

_____

2. Kannst du diese Bilderrätsel lösen?

W̶ e = a

g̶e̶

_ _ _ _

_ _ _ _ _ _ t

_ _ _ _ _ _ _ _ _ _ _ .

K̶ e = a

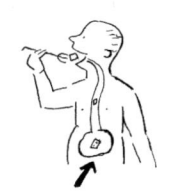

M = m e̶n̶

_ _ _ _

_ _ _

_ _ _ _ _ _ _ _ .

3. Enträtsele Linas Botschaft.

Keiner soll von Annas und Lisas Tausch erfahren.
Nachrichten schreiben sie sich daher in einer Geheimschrift:

Fahrer lässt öde Tour einfach nicht fallen. Ämter lassen lustige Täter auf unseren Schornstein.

Lösung: FL _____

Die ersten Rollschuhe waren
Inlineskates.

Vor etwa 240 Jahren, im Jahr 1760,
reiste Herr Merlin, ein Belgier,
nach England.
Herr Merlin hatte viele Fähigkeiten:
Er baute Maschinen und Uhren.
Er baute Musikinstrumente.
Und er spielte Geige.
Er war Musiker und Erfinder!

Herr Merlin wurde zu einem Maskenball
eingeladen. Er zog selbst gebaute
Schuhe mit Metallrollen an.
Dann nahm er seine Geige.
So rollte er in den Festsaal.

Er fuhr geradewegs auf einen riesigen
Spiegel zu. Doch Herr Merlin wusste
nicht, wie er bremsen sollte.
Herr Merlin fuhr mitten in den Spiegel
hinein. Er zerbrach in tausend Stücke.
Die Sache war sehr peinlich!

Trotzdem: Herr Merlin hatte die
Rollschuhe erfunden!
Das Besondere daran war:
Die Rollen waren in einer Reihe
hintereinander angeordnet
(im Englischen: in line).
Herr Merlin war vor 240 Jahren
mit den ersten Inlineskates
in den Spiegel gerollt.

Inge Schmidtke: Lesekompetenz entwickeln, Band 1
© Persen Verlag

Schuhe auf Rollen

1. Welche Antwort stimmt?
Markiere.

❶ Aus welchem Land kam
Herr Merlin?

(R) Bulgarien.

(G) Belgien.

(I) England.

❷ Wer war Herr Merlin?

(O) Musiker und Tänzer.

(T) Musiker und Sportler.

(E) Musiker und Erfinder.

❸ Wozu wurde er eingeladen?

(I) Zu einem Maskenball.

(L) Zu einem Markt.

(P) Zu einem Konzert.

❹ Wie rollte er in den Festsaal?

(F) Mit einer Geige auf Rädern.

(L) Mit einem Pferdewagen.

(G) Auf Schuhen mit Metallrollen und einer Geige.

❺ Was wusste er nicht?

(E) Wie man bremst.

(S) Wie man richtig rollt.

(T) Wie man geigt.

Lösungswort: __ __ __ __ __

2. Was war das Besondere an Herrn Merlins Rollschuhen?

_____

_____

3. Versuche herauszufinden.
Wer erfand wann

• das Fahrrad? • die Schlittschuhe? • das Skateboard

Katja ist ein neu entdeckter Fernsehstar.

Sie spielt die Hauptrolle in einer Serie,

die jeden Donnerstag im ersten Programm gezeigt werden soll.

Alles ist noch ganz geheim.

5 Aber Katja hat schon den Sendetermin für die erste Folge festgelegt.

Genau an Mutters Geburtstag wird sie ausgestrahlt werden.

„Mach es dir bequem!", wird Katja sagen und den Fernseher anstellen.

Sie wird sich zur Mutter aufs Sofa kuscheln,

die Ansagerin wird die neue Serie ankündigen und

10 schon wird die Hauptdarstellerin auf dem Bildschirm erscheinen.

„Aber das ist doch ...", die Mutter wird sich verwundert die Augen reiben,

„aber das ist doch ..."

„Katja!"

Erschrocken fährt Katja zusammen.

15 Frau Braun, richtig, die ist ja auch noch da.

„Wo hast du nur wieder deine Gedanken, Katja?"

Katja starrt auf das Bild neben der Geschichte im Lesebuch.

Ein blaues Pferd zwischen bunten Bergen.

Frau Brauns Stimme passt nicht dazu.

20 „Ich wette, du weißt noch nicht einmal, wo wir sind!"

Jürgen stößt Katja mit dem Fuß an und

bohrt seinen Zeigefinger in die Buchseite.

Katja tut, als ob sie es nicht bemerkt.

Ob das Pferd weiß, dass es anders ist als gewöhnliche Pferde?

25 Frau Braun gibt nicht auf.

„Ich verstehe das nicht! Gerade du müsstest aufpassen!"

Frauke Nahrgang

Inge Schmidtke: Lesekompetenz entwickeln, Band 1
© Persen Verlag

Katja, der Fernsehstar

1. Welche Antwort stimmt?
Markiere.

❶ Ist Katja wirklich
ein Fernsehstar?

  (T) Ja, sie spielt die Hauptrolle
  in einer Serie.

  (F) Nein, sie träumt nur davon.

❷ Wie will Katja die Mutter
überraschen?

  (R) Sie will eine große Torte
  zum Geburtstag machen.

  (I) Die erste Folge der Serie
  soll am Geburtstag der
  Mutter ausgestrahlt werden.

❸ Warum fährt Katja erschrocken
zusammen?

  (L) Weil die Lehrerin sie
  drannimmt.

  (A) Weil Jürgen sie anstößt.

❹ Wobei hat die Lehrerin sie
ertappt?

  (M) Dass sie nicht aufpasst.

  (B) Dass sie von Jürgen
  abschreibt.

Lösungswort: __ __ __ __

2. Beantworte die Fragen.

❶ Wie verhält sich Katja, als sie aufgerufen wird?

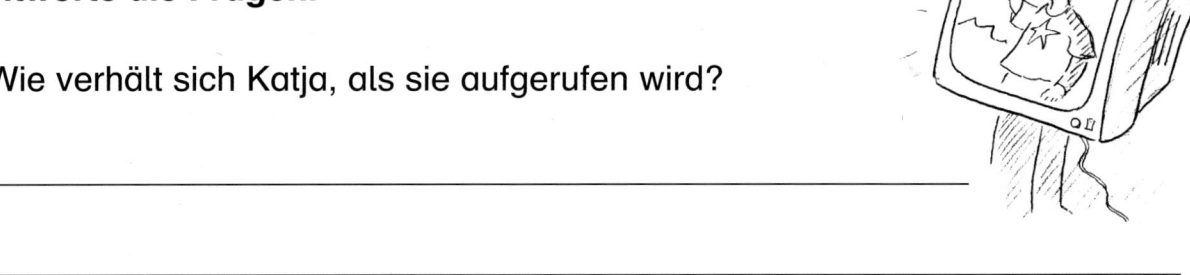

_____

_____

❷ Was meint Frau Braun wohl mit dem Satz:
„Gerade du müsstest aufpassen."

_____

_____

❸ Träumst du auch manchmal im Unterricht? Wovon?

_____

_____

1. Halbe Wörter
Erkennst du diese Wörter?

PFERD   FOLGE

GEBURTSTAG   TRAUM

2. Gestalte selbst 2 halbe Wörter.
Gib sie einem Partner zum Enträtseln.
Kannst du auch seine halben Wörter erkennen?

3. Verdrehte Buchstaben
Welche Wörter verstecken sich hier?

Pramgrom   Fserhnaster

_____   _____

Hulptarloe   Lusebhec

_____   _____

Inge Schmidtke: Lesekompetenz entwickeln, Band 1
© Persen Verlag

Katja ist ein neu entdeckter Fernsehstar.
Sie spielt die Hauptrolle in einer Serie.
Alles ist noch ganz geheim.
Aber Katja hat schon den Sendetermin
5   für die erste Folge festgelegt.
Genau an Mutters Geburtstag
wird sie ausgestrahlt werden.
„Mach es dir bequem!", wird Katja sagen und
den Fernseher anstellen.
10 „Aber das ist doch ...",
die Mutter wird sich verwundert die Augen reiben,
„aber das ist doch ..."
„Katja!"
Erschrocken fährt Katja zusammen.
15 Frau Braun, richtig, die ist ja auch noch da.
„Wo hast du nur wieder deine Gedanken, Katja?"
Katja starrt auf das Bild neben der Geschichte im Lesebuch.
„Ich wette, du weißt noch nicht einmal, wo wir sind!
Gerade du müsstest aufpassen!"

Frauke Nahrgang

1. Welche Antwort stimmt?
Markiere.

❶ Ist Katja wirklich
ein Fernsehstar?

(T) Ja, sie spielt die Hauptrolle
in einer Serie.

(F) Nein, sie träumt nur davon.

❷ Wie will Katja die Mutter
überraschen?

(R) Sie will eine große Torte
zum Geburtstag machen.

(I) Die erste Folge der Serie
soll am Geburtstag der
Mutter ausgestrahlt werden.

❸ Warum fährt Katja erschrocken
zusammen?

(L) Weil die Lehrerin sie
drannimmt.

(A) Weil der Fernseher
kaputtgeht.

❹ Wobei hat die Lehrerin sie
ertappt?

(M) Dass sie nicht aufpasst.

(B) Dass sie bei ihrem
Nachbarn abschreibt.

Lösungswort: __ __ __ __

2. Halbe Wörter
Erkennst du diese Wörter?

PFERD   FOLGE

GEBURTSTAG   TRAUM

3. Verdrehte Buchstaben
Welche Wörter verstecken sich hier?

Pramgrom   Fserhnaster

_____   _____

Inge Schmidtke: Lesekompetenz entwickeln, Band 1
© Persen Verlag

Bringe den Text in die richtige Reihenfolge.

- Schneide die Teile aus.
- Ordne sie und klebe sie auf.
- Du erhältst ein Lösungswort.

S „Ich wünsche mir eine kleine Schwester, so wie die Sara von meiner Freundin Birgit." „Und wer soll auf die kleine Schwester aufpassen, wenn ich im Büro bin? Birgits Mutter ist zu Hause, da ist das kein Problem." Illa stellt die Tasse hin. „Ich natürlich", sagt sie.

W Das ist eine dumme Frage. „Papa natürlich", sagt Illa. Mama lacht. „Papa ist jetzt mit Christiane verheiratet. Die wäre bestimmt nicht damit einverstanden. Und noch etwas: Kinder kosten einen Haufen Geld.

S „Aber Birgit hat auch Rollschuhe und ein Fahrrad." „Dann verdient Birgits Vater eben mehr als ich", sagt Mama. „Und jetzt ab mit dir ins Bett. Ich will auch noch ein bisschen Ruhe haben."

T Im Bett denkt Illa noch lange über das Problem Schwester nach. Sehr lange. Sie zieht extra den Vorhang zurück, damit der Mond ins Zimmer scheinen kann.

H „Der Kindergarten ist erst ab drei, Tochter. Außerdem, wer soll denn der Vater von deiner Schwester sein?"

C „Und wenn du in der Schule bist?" Illa überlegt erst einen Moment, bevor sie antwortet: „Dann geht sie eben in den Kindergarten. So wie ich früher."

E Mondlicht beim Nachdenken ist schön. Alles sieht ganz weich und ein bisschen verschwommen aus. Bei Mondlicht hat Illa immer die besten Ideen. Und dann fällt es ihr ein. Christiane.

R Am Samstag, wenn sie bei Papa ist, wird sie mit Christiane reden. Sie soll eine kleine Schwester für Illa bekommen. Das müsste sich doch machen lassen. Die Idee ist wirklich prima. Illa bekommt eine Schwester und weiterhin Rollschuhe und Fahrräder und sonst noch alles, was sie braucht. Denn die Pampers müssen natürlich Papa und Christiane bezahlen.

E Wenn ich jeden Tag Pampers kaufen muss, fällt alles mögliche andere flach. Zum Beispiel Rollschuhe und das Fahrrad."

Mirjam Pressler

Bringe den Text in die richtige Reihenfolge.

- Schneide die Teile aus.
- Ordne sie und klebe sie auf.
- Du erhältst ein Lösungswort.

N „Der Kindergarten ist erst ab drei, Tochter. Außerdem, wer soll denn der Vater von deiner Schwester sein?"

E „Ich wünsche mir eine kleine Schwester." „Und wer soll auf die kleine Schwester aufpassen, wenn ich im Büro bin?" Illa stellt die Tasse hin. „Ich natürlich", sagt sie.

I „Und wenn du in der Schule bist?" Illa überlegt erst einen Moment, bevor sie antwortet: „Dann geht sie eben in den Kindergarten."

F „Papa natürlich", sagt Illa. Mama lacht. „Papa ist jetzt mit Christiane verheiratet. Und noch etwas: Kinder kosten einen Haufen Geld. Und jetzt ab mit dir ins Bett."

L Mondlicht beim Nachdenken ist schön. Und dann fällt es ihr ein. Christiane.

A Im Bett denkt Illa noch lange über das Problem Schwester nach. Sehr lange. Sie zieht extra den Vorhang zurück, damit der Mond ins Zimmer scheinen kann.

L Am Samstag, wenn sie bei Papa ist, wird sie mit Christiane reden. Sie soll eine kleine Schwester für Illa bekommen. Das müsste sich doch machen lassen. Die Idee ist wirklich prima.

Mirjam Pressler

Inge Schmidtke: Lesekompetenz entwickeln, Band 1
© Persen Verlag

Elsita ist überrascht, als die Mutter schon bald nach Hause kommt. **D**
Elsita sagt: „Wusstest du, dass junge Pandabären bei der Geburt
nur 100 Gramm schwer sind? Sie sind am Anfang noch fast nackt
und völlig hilflos. Nach sechs Tagen beginnt ihr Fell zu wachsen. Im
Alter von einem Monat öffnet ein Pandajunges zum ersten Mal seine
Augen. In seinem ersten Lebensjahr muss das Pandakind lernen zu
gehen, sich zu verstecken und die saftigsten Bambustriebe zu finden.

Die Mutter lacht. Sie sagt: „Da hast du aber eine schöne Sendung **A**
gesehen! Du bist ja eine richtige Pandaexpertin geworden! Und was
ist mit deinem Hals?" Jetzt lacht auch Elsita. Sie sagt: „Mein Hals?
Den habe ich völlig vergessen!"

Elsita ist krank. Sie hat Halsschmerzen und Schnupfen. Schon seit **P**
drei Tagen kann sie nicht zur Schule gehen. Sie ist allein zu Hause,
weil ihre Mutter vormittags arbeitet. Wenn Elsita krank ist, ruft ihre
Mutter alle zwei Stunden zu Hause an. Sie fragt: „Wie geht es dir? Hast
du Schmerzen? Soll ich dir etwas mitbringen?" Elsita antwortet: „Der
Hals tut mir weh und meine Nase läuft. Mir ist schrecklich langweilig."

Elsita findet diese Idee gut. Sie steht auf und zieht warme Socken **N**
an. Sie geht ins Wohnzimmer und schaltet den Fernseher ein. Sie hat
Glück: Im zweiten Programm kommt ein interessanter Tierfilm. Elsita
sieht Bilder von einem Pandabären. Sie erfährt, dass Pandabären als
Einzelgänger leben und sich von den Zweigen, Blättern und Trieben
verschiedener Bambusarten ernähren. Elsita staunt, dass der Panda
jeden Tag 10 bis 20 Kilogramm Bambus fressen muss, um satt zu
werden. Schnell vergeht der Vormittag.

Die Mutter überlegt. Dann sagt sie: „Wenn dir so langweilig ist, könntest **A**
du dich auf das Sofa legen und ein bisschen fernsehen. Aber nimm
deine Decke und dein Kopfkissen mit. Und zieh dich warm an. Ich
komme um zwölf Uhr zurück. Bis bald!"

Katharina E. Schell

1. Bringe den Text in die richtige Reihenfolge.

- Schneide die Teile aus.
- Ordne sie und klebe sie auf.

Lösungswort: __ __ __ __ __

2. Rätsel

Setze die richtigen Wörter ein.

❶ Elsita sah einen ⬜⬜⬜⬜⬜⬜ .
　　　　　　　　　2

❷ Er handelte von ⬜⬜⬜⬜⬜⬜⬜⬜⬜ .
　　　　　　　　　　6　4

❸ Nach sechs Tagen beginnt ihr ⬜⬜⬜⬜ zu wachsen.
　　　　　　　　　　　　　　　　8

❹ Im Alter von einem Monat öffnen sie ihre ⬜⬜⬜⬜ .
　　　　　　　　　　　　　　　　　　　　　5

❺ Im ersten Jahr lernen sie, saftige ⬜⬜⬜⬜⬜⬜⬜⬜ zu finden.
　　　　　　　　　　　　　　　　　　　　1

❻ Pandabären leben als ⬜⬜⬜⬜⬜⬜⬜⬜⬜ .
　　　　　　　　　　　3　　　　9

❼ Der Panda frisst täglich 10 bis 20 ⬜⬜⬜⬜⬜⬜⬜ Bambus.
　　　　　　　　　　　　　　　　　　7

Lösungswort: ⬜⬜⬜⬜⬜⬜⬜⬜⬜
　　　　　　　1 2 3 4 5 6 7 8 9

3. Beschreibe.

Wie ist es, wenn du krank bist?

_____

_____

_____

Inge Schmidtke: Lesekompetenz entwickeln, Band 1
© Persen Verlag

Elsita wird Pandaexpertin

Elsita ist überrascht, als die Mutter schon bald nach Hause kommt. **D** Elsita sagt: „Wusstest du, dass junge Pandabären bei der Geburt nur 100 Gramm schwer sind? Im Alter von einem Monat öffnet ein Panda- junges zum ersten Mal seine Augen. In seinem ersten Lebensjahr muss das Pandakind lernen zu gehen, sich zu verstecken und die saftigsten Bambustriebe zu finden."

Die Mutter lacht. Sie sagt: „Du bist ja eine richtige Pandaexpertin **A** geworden! Und was ist mit deinem Hals?" Elsita sagt: „Mein Hals? Den habe ich völlig vergessen!"

Elsita ist krank. Sie hat Halsschmerzen und Schnupfen. Sie ist **P** allein zu Hause, weil ihre Mutter vormittags arbeitet. Wenn Elsita krank ist, ruft ihre Mutter an. Sie fragt: „Wie geht es dir?" Elsita antwortet: „Der Hals tut mir weh und meine Nase läuft. Mir ist schrecklich langweilig."

Elsita findet diese Idee gut. Sie steht auf und zieht warme Socken **N** an. Sie schaltet den Fernseher ein. Elsita sieht Bilder von einem Pandabären. Sie erfährt, dass Pandabären als Einzelgänger leben. Elsita staunt, dass der Panda jeden Tag 10 bis 20 Kilogramm Bambus fressen muss, um satt zu werden. Schnell vergeht der Vormittag.

Die Mutter sagt: „Wenn dir so langweilig ist, könntest du **A** ein bisschen fernsehen. Ich komme um zwölf Uhr zurück. Bis bald!"

Katharina E. Schell

Elsita wird Pandaexpertin

1. Bringe den Text in die richtige Reihenfolge.

- Schneide die Teile aus.
- Ordne sie und klebe sie auf.

Lösungswort: __ __ __ __ __

2. Rätsel
Setze die richtigen Wörter ein.

❶ Elsita sah einen Film über [_____]. (4)

❷ Im Alter von einem Monat öffnen sie ihre [_____]. (3)

❸ Im ersten Jahr lernen sie, saftige [_____] zu finden. (5)

❹ Pandabären leben als [_____]. (2) (6)

❺ Der Panda frisst täglich 10 bis 20 [_____] Bambus. (1)

Lösungswort: [_____]
1 2 3 4 5 6

3. Beschreibe.
Wie ist es, wenn du krank bist?

_____

_____

_____

_____

Inge Schmidtke: Lesekompetenz entwickeln, Band 1
© Persen Verlag

Ich heiße Micha. In unserer Stadt
gibt es viele Türken. Ihre Kinder
gehen mit uns in die Schule.
Auch in meiner Klasse sind sechs;
5 zwei Mädchen und vier Jungen.
Einer von ihnen heißt Gökan,
der hat mir von Anfang an gefallen.
Ich hätte mich gern mal mit ihm
unterhalten, über die Türkei und
10 wie es dort ist. Aber Till hatte
uns gesagt, dass wir nicht
mit den Türken reden sollten.
Und was Till sagte, taten wir auch.

Till hat sich eine ganze Zeit lang
15 in unserer Klasse als der große
Boss aufgeführt.
Er kann am besten Fußball spielen
und am besten laufen. Die größte
Klappe hat er auch, und wenn er
20 sich mit irgendwem prügelt, gewinnt
er immer. Wir hatten alle Angst vor
ihm. Bloß deshalb habe ich nicht mit
Gökan gesprochen.

Dabei konnte ich Till eigentlich nie
25 leiden. Wie der den Daniel gequält
hat! Er stellte ihm ein Bein oder zog
ihm den Stuhl weg oder versteckte
seine Schultasche.

30 Jeden Tag fiel ihm etwas anderes
ein. Daniel ist klein und
hat überhaupt keine Muskeln.
Krank ist er auch dauernd.
So einen zu ärgern,
das finde ich gemein.
35 Aber jetzt ist es damit vorbei.
Jetzt hat Till endlich eins drauf-
gekriegt und darüber bin ich froh.

Am vorigen Donnerstag hatte er
nämlich Kracher mit in die Schule
40 gebracht. Unser Lehrer war krank.
Wir hatten Herrn Klotz als
Vertretung und der versteht
keinen Spaß.
„Lass das sein mit den Krachern",
45 hatten wir Till gewarnt. Doch er fing
trotzdem an zu ballern.
„Wer war das?", hat Herr Klotz
gebrüllt. Keiner meldete sich und
Herr Klotz sagte: „Na gut, dann
50 könnt ihr heute Nachmittag
Schreiben üben. Bis morgen
schreibt ihr alle die Geschichte ab,
die wir eben gelesen haben."
Draußen lag so schöner Rodel-
55 schnee. Und nun sollten wir diese
blöde Geschichte abschreiben.

Wir sahen Till an und waren froh,
als er den Finger hob. Aber da sagte
er: „Daniel hat es gemacht."
60 Der spinnt wohl, dachte ich, und
die anderen dachten sicher
das Gleiche. Es wurde ganz still
in der Klasse. Nur Daniel fing an
zu heulen. Und auf einmal
65 rief Gökan: „Daniel war's nicht.
Das war ein anderer!"
„Das kann ich mir schon denken",
sagte Herr Klotz. „Also, Till,
wer war's? Du etwa?"
70 Till wurde puterrot. Er schwieg.
„Ja oder nein?", donnerte Herr Klotz.

„Weiß nicht", murmelte Till.
Aber es nützte ihm nichts.
Er bekam eine riesige Strafarbeit
75 und platzte beinahe vor Wut.

Gleich nach der Stunde wollte er
auf Gökan losgehen.
Da haben Max, Fabian, Sven und ich
Till festgehalten und jetzt muss er
80 kuschen, der Feigling. Mit dem will
niemand mehr etwas zu tun haben.
Aber mit Gökan möchte ich bald mal
richtig reden.

Irina Korschunow

1. Welche Figuren sind es?

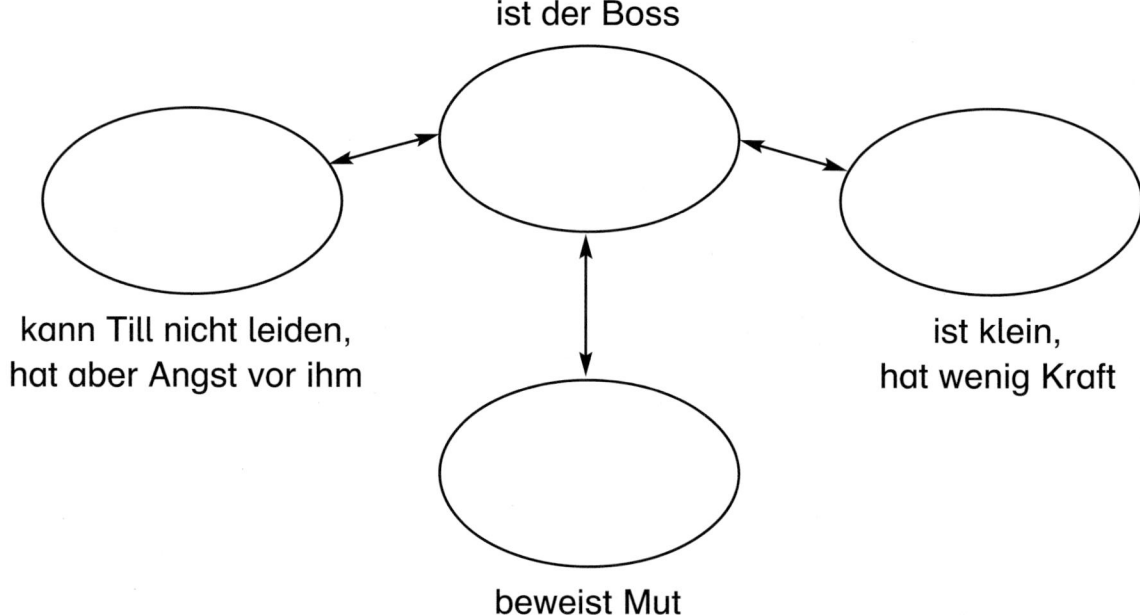

ist der Boss

kann Till nicht leiden,
hat aber Angst vor ihm

ist klein,
hat wenig Kraft

beweist Mut

2. Was erfährst du über diese Figuren im Text?
Unterstreiche mit verschiedenen Farben.

❶ Micha   ❷ Till   ❸ Daniel   ❹ Gökan

Inge Schmidtke: Lesekompetenz entwickeln, Band 1
© Persen Verlag

Gökan hat Mut

1. Schreibe für 2 Figuren der Geschichte einen Steckbrief.

Beispiel:

Steckbrief: Herr Klotz

- versteht keinen Spaß
- wird schnell laut (brüllt und donnert)
- gibt Strafarbeiten auf
- findet die Wahrheit heraus
- bestraft den Richtigen

Steckbrief:

Steckbrief:

2. Schreibe auf.

Was hältst du von Herrn Klotz?

_____

_____

_____

_____

3. Schreibe die Geschichte weiter.

Wird Till wirklich für immer von den anderen ausgeschlossen?

_____

_____

_____

4. Wie ist es bei euch in der Klasse?

_____

_____

Ich heiße Micha.
In unserer Stadt gibt es viele
Türken. Auch in meiner Klasse
sind sechs; zwei Mädchen und
5 vier Jungen. Einer von ihnen heißt
Gökan. Ich hätte mich gern mal
mit ihm unterhalten. Aber Till hatte
uns gesagt, dass wir nicht
mit den Türken reden sollten.
10 Und was Till sagte, taten wir auch.

Till hat sich eine ganze Zeit lang
in unserer Klasse als der große
Boss aufgeführt. Er kann am besten
Fußball spielen und am besten
15 laufen. Die größte Klappe hat er
auch, und wenn er sich
mit irgendwem prügelt, gewinnt er
immer. Wir hatten alle Angst vor ihm.
Bloß deshalb habe ich nicht
20 mit Gökan gesprochen.
Dabei konnte ich Till eigentlich
nie leiden.

Jetzt hat Till endlich eins drauf-
gekriegt. Am vorigen Donnerstag
25 hatte er nämlich Kracher mit
in die Schule gebracht. „Lass das
sein mit den Krachern", hatten wir
Till gewarnt. Doch er fing trotzdem
an zu ballern.
30 „Wer war das?", hat Herr Klotz
gebrüllt.

Keiner meldete sich und
Herr Klotz sagte: „Bis morgen
schreibt ihr alle die Geschichte ab,
35 die wir eben gelesen haben."

Wir sahen Till an und waren froh,
als er den Finger hob. Aber da
sagte er: „Daniel hat es gemacht."
Der spinnt wohl, dachte ich,
40 und die anderen dachten sicher
das Gleiche.
Auf einmal rief Gökan:
„Daniel war's nicht.
Das war ein anderer!"
45 „Das kann ich mir schon denken",
sagte Herr Klotz. „Also, Till,
wer war's? Du etwa?"
„Weiß nicht", murmelte Till.
Aber es nützte ihm nichts.
50 Er bekam eine riesige Strafarbeit
und platzte beinahe vor Wut.

Gleich nach der Stunde wollte er
auf Gökan losgehen. Da haben Max,
Fabian, Sven und ich Till festgehal-
55 ten und jetzt muss er kuschen,
der Feigling. Mit dem will niemand
mehr etwas zu tun haben.
Aber mit Gökan möchte ich bald mal
richtig reden.

Irina Korschunow

Welche Figuren sind es?

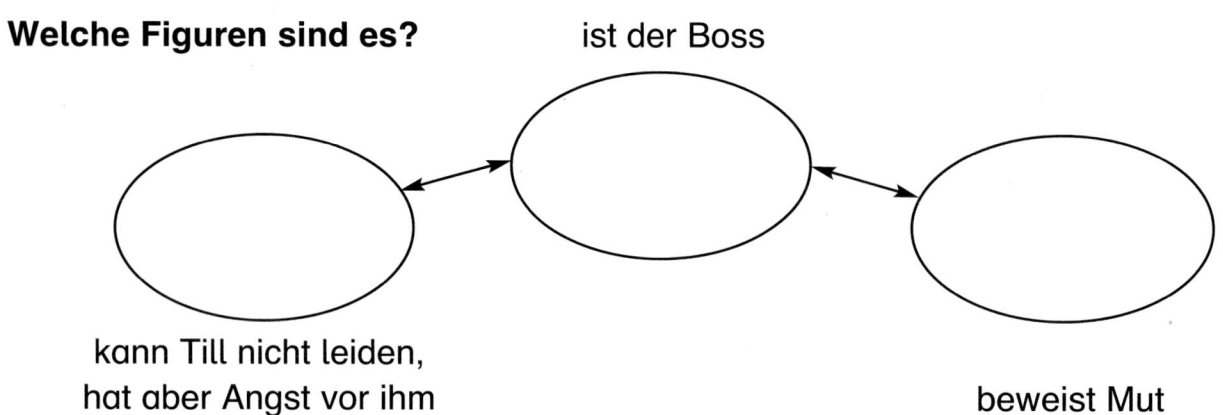

ist der Boss

kann Till nicht leiden,
hat aber Angst vor ihm

beweist Mut

Inge Schmidtke: Lesekompetenz entwickeln, Band 1
© Persen Verlag

1. Was erfährst du über diese Figuren im Text?
Unterstreiche mit verschiedenen Farben.

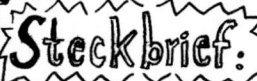 ❶ Micha   ❷ Till   ❸ Gökan

2. Schreibe für eine Figur der Geschichte einen Steckbrief.
Beispiel:

Steckbrief: Herr Klotz

- versteht keinen Spaß
- wird schnell laut
  (brüllt und donnert)
- gibt Strafarbeiten auf
- findet die Wahrheit heraus
- bestraft den Richtigen

Steckbrief:

3. Schreibe auf.
Was hältst du von Herrn Klotz?

_____
_____
_____
_____

4. Wie ist es bei euch in der Klasse?

_____
_____
_____

Robby klingelt. Er will Miki abholen.
Mama geht mit runter bis
zur Haustür. Sie hilft Miki mit
dem Ranzen. „Tschüs!", sagt sie
5 und gibt Miki einen Kuss. „Tschüs!",
sagt Miki und gibt Mama einen Kuss.
Er dreht sich immer wieder um und
winkt.

Robby knufft Miki in die Seite.
10 „Mann, eh, bist du ein Baby oder
was?" „Ein Baby?", fragt Miki
empört. „Wie kommst du denn auf
so 'nen Quatsch?" „Ist doch klar,
Mann", sagt Robby. Er macht ein
15 wichtiges Gesicht. „Nur Babys
lassen sich von ihren Mamas
küssen. Richtige Männer nicht.
Niemals." Robby schüttelt sich.
„Solche Knutschereien finden die
20 eklig. Ganz scheußlich eklig."
„Das stimmt nicht", sagt Miki.
„Nämlich mein Papa lässt sich von
meiner Mutter oft küssen. Und er
küsst sie auch. Das findet er über-
25 haupt nicht eklig." Robby schüttelt
den Kopf. „Mann, du verstehst auch
gar nichts. Das ist doch mit Verliebtsein und so. Bist du etwa verliebt in
deine Mutter?" Miki ist sehr verliebt.
30 In Tatjana.

„Ich glaube, ich verliebe mich überhaupt nie. Wenn alle Weiber so sind
wie meine große Schwester, dann
vielen Dank. Die würde ich nie küs-
35 sen. Höchstens, wenn du mir eine
Million Euro gibst." Miki schüttelt
den Kopf. Er hat gar keine Million.
Nicht mal einen einzigen Euro.
Den letzten hat er nämlich gestern
40 für Fußballbilder ausgegeben.
Robby bleibt am Schultor stehen.
„Schluss mit der Küsserei, Kleiner.
Sonst wird nie ein richtiger Mann
aus dir. Klar?" Robby klopft Miki
45 noch einmal auf die Schulter.
Dann läuft er zu den Jungen
aus seiner Klasse.

Am Nachmittag klingelt Miki bei
Robby. Er will Robby zum Training
50 abholen. Robbys Mutter öffnet.
„Hallo, Miki", sagt sie. Sie hilft
Robby mit dem Reißverschluss
vom Anorak. Sie steckt Robbys
Fußballschuhe in die Sporttasche.
55 „Tschüs, mein Schatz", sagt sie und
gibt Robby einen Kuss.
Tatsächlich, das wagt sie!

Inge Schmidtke: Lesekompetenz entwickeln, Band 1
© Persen Verlag

Küssen verboten

1. Beantworte die Fragen.

❶ Wen holt Robby zur Schule ab?

_____

❷ Wie verabschiedet sich die Mama?

_____

❸ Was sagt Robby dazu?

_____

❹ In wen ist Miki verliebt?

_____

❺ Warum meint Robby, dass er sich wohl nie verliebt?

_____

❻ Wie verabschiedet sich Robby am Schultor?

_____

❼ Wen holt Miki zum Training ab?

_____

❽ Was beobachtet Miki?

_____

2. Schreibe die Geschichte weiter.

3. Vergleiche deine Geschichte mit dem Schluss.

Miki hält den Atem an. Gleich wird etwas Schreckliches passieren.
60 Robby wird sich nicht küssen lassen. Robby nicht! Er wird sich rächen. Schade um Robbys Mutter. Eigentlich ist sie ganz nett. „Tschüs, Miki", sagt Robbys Mutter. Aber Miki
65 kann nicht tschüs sagen. Er kann gar nichts sagen. Er kann nur dastehen und Robby anstarren.
„Na, was ist?", fragt Robby.
„Willst du hier Wurzeln schlagen?"
70 „Aber", stottert Miki, „aber ..."
Er zeigt hinter sich. „Aber ich denke ... ich denke, nur Babys ..."
„Ach, das meinst du?", Robby muss plötzlich husten. Er hört gar nicht

75 wieder auf. Sicher ist er krank. Dann kann er nicht zum Training gehen und Miki muss Herrn Obermüller Bescheid sagen. Aber da sagt Robby: „Na komm schon!"
80 Er ist noch ein bisschen rot im Gesicht und keucht.
Als sie beim alten Kino sind, kann er wieder reden.
Er räuspert sich noch einmal und
85 sagt: „Pass auf, ich erklär's dir. Also, wenn du ein richtiger Mann bist, darfst du vor nichts zurückschrecken. Vor gar nichts. Verstehst du?"

Frauke Nahrgang

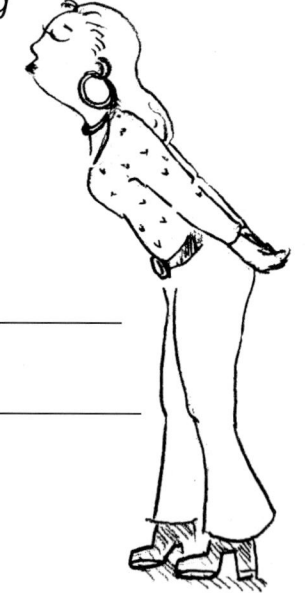

1. Was denkst du über Robby?

_____

_____

2. Halbe Wörter
Erkennst du diese Wörter?

KNUTSCHEN   KÜSSEN

3. Verdrehte Buchstaben
Welche Wörter verstecken sich hier?

Ksus   Mteurt   Tinargni

der _____   die _____   das _____

Inge Schmidtke: Lesekompetenz entwickeln, Band 1
© Persen Verlag

Robby klingelt. Er will Miki abholen.
Mama geht mit runter bis
zur Haustür. Sie hilft Miki mit
dem Ranzen. „Tschüs!", sagt sie
5 und gibt Miki einen Kuss. „Tschüs!",
sagt Miki und gibt Mama einen Kuss.

Robby knufft Miki in die Seite.
„Mann, eh, bist du ein Baby oder
was?" „Ein Baby?", fragt Miki
10 empört. „Wie kommst du denn auf
so 'nen Quatsch?" „Nur Babys lassen sich von ihren Mamas küssen.
Richtige Männer nicht. Niemals."
„Das stimmt nicht", sagt Miki.
15 „Nämlich mein Papa lässt sich
von meiner Mutter oft küssen."
Robby schüttelt den Kopf. „Das ist
doch mit Verliebtsein und so. Bist du
etwa verliebt in deine Mutter?"
20 Miki ist sehr verliebt. In Tatjana.

Robby bleibt am Schultor stehen.
„Schluss mit der Küsserei, Kleiner.
Sonst wird nie ein richtiger Mann
aus dir. Klar?"

25 Am Nachmittag klingelt Miki bei
Robby. Er will Robby zum Training
abholen. Robbys Mutter öffnet.
„Hallo, Miki", sagt sie.
Sie steckt Robbys Fußballschuhe
30 in die Sporttasche. „Tschüs,
mein Schatz", sagt sie und
gibt Robby einen Kuss.
Tatsächlich, das wagt sie!

1. Erzähe, wie die Geschichte weitergeht.   Hier abknicken

---

2. Lies den Schluss.   Hier abknicken

Miki hält den Atem an. Gleich wird
35 etwas Schreckliches passieren.
Schade um Robbys Mutter.
Eigentlich ist sie ganz nett.
„Na, was ist?", fragt Robby.
„Willst du hier Wurzeln schlagen?"
40 „Aber", stottert Miki, „aber ..."
Er zeigt hinter sich. „Aber ich denke
... ich denke, nur Babys ..."

„Ach, das meinst du?", Robby muss
plötzlich husten. Er hört gar nicht
45 wieder auf. Er räuspert sich
noch einmal und sagt: „Pass auf,
ich erklär's dir. Also, wenn du ein
richtiger Mann bist, darfst du vor
nichts zurückschrecken. Vor gar
50 nichts. Verstehst du?"

Frauke Nahrgang

Küssen verboten

1. Beantworte die Fragen.

❶ Wen holt Robby zur Schule ab?

_____

❷ Wie verabschiedet sich die Mama?

_____

❸ Was sagt Robby dazu?

_____

❹ Wie verabschiedet sich Robby am Schultor?

_____

❺ Wen holt Miki zum Training ab?

_____

❻ Was beobachtet Miki?

_____

2. Was meinst du zu dieser Geschichte?

3. Halbe Wörter. Erkennst du diese Wörter?

VERLIEREN   KÜSSEN

4. Verdrehte Buchstaben. Welche Wörter verstecken sich hier?

Ksus   Mteurt   Tinargni

der _____   die _____   das _____

Inge Schmidtke: Lesekompetenz entwickeln, Band 1
© Persen Verlag

Ein Tiger will lesen

Toni sieht aus wie Toni.
Aber nur von außen.
Innen fletscht er die Zähne.
Innen ist Toni ein Tiger.
5   Wegen Niklas!
Der sitzt im Wohnzimmer
auf dem Sofa und liest.
Niklas ist Tonis großer Bruder.
Er liest ein Buch, das Toni gehört!
10 Er hat nicht gefragt, ob er das darf.
So macht er das immer. Er nimmt
sich einfach, was er von Tonis
Sachen gebrauchen kann.
Nie fragt er Toni.
15 Toni schleicht sich heran und
springt mit einem Satz –
rums, krach! – auf das Sofa.
Niklas schaut nicht einmal auf.
„Was willst du?", fragt er
20 unfreundlich. „Nichts", antwortet
Toni und streckt sich lang aus.
Ein Tiger braucht Platz!
Niklas rückt ein Stück weg und
zischt: „Hau ab!"

25 Toni wetzt sich die Krallen.
„Wieso soll ich abhauen?", fragt er.
„Ist das dein Sofa?"
Niklas stöhnt. „Frag nicht so blöd.
Du störst!"
30 Dabei bewegte er seine Hand, als
wolle er eine Fliege verscheuchen.
Er hat keine Ahnung, dass ein Tiger
neben ihm sitzt.
Tonis Augen funkeln gefährlich.
35 „Ich störe dich? Wobei denn?"
Niklas explodiert. „Das siehst du
doch. Ich lese. Hau endlich ab!"
Toni schleckt mit seiner
Riesenzunge über sein Maul.
40 Und mit seinen Tatzen reißt er
Niklas das Buch aus der Hand.
„Das ist mein Buch. Ich lese jetzt.
Und du haust ab. Du störst!"
Niklas guckt ihn verdattert an.
45 „Giftzwerg", sagt er und geht.

Anne Steinwart

Ein Tiger will lesen

1. Unterstreiche im Text.

❶ Wer ist Toni?

❷ Wer ist Niklas?

❸ Was sagt Toni?

❹ Was sagt Niklas?

2. Beantworte die Fragen.

❶ Warum wird Toni zum Tiger?

❷ Was macht Niklas immer?

❸ Was tut Toni als Tiger?

❹ Wie reagiert Niklas?

3. Erzähle.
Zu welchem Tier würdest du werden?

4. Wie siehst du dann in deiner Fantasie aus?
Male dich.

Inge Schmidtke: Lesekompetenz entwickeln, Band 1
© Persen Verlag

Ein Tiger will lesen

Toni sieht aus wie Toni.
Aber nur von außen.
Innen ist Toni ein Tiger.
Wegen Niklas!
Der sitzt im Wohnzimmer
auf dem Sofa und liest.
Niklas ist Tonis großer Bruder.
Er liest ein Buch, das Toni gehört!
Er hat nicht gefragt, ob er das darf.
So macht er das immer.
Toni schleicht sich heran und
springt mit einem Satz –
rums, krach! – auf das Sofa.
Niklas rückt ein Stück weg und
zischt: „Hau ab! Du störst!"
„Ich störe dich? Wobei denn?"
Niklas explodiert. „Das siehst du
doch. Ich lese. Hau endlich ab!"
Toni schleckt mit seiner
Riesenzunge über sein Maul.
Und mit seinen Tatzen reißt er
Niklas das Buch aus der Hand.
„Das ist mein Buch. Ich lese jetzt.
Und du haust ab. Du störst!"
Niklas guckt ihn verdattert an.
„Giftzwerg", sagt er und geht.

Anne Steinwart

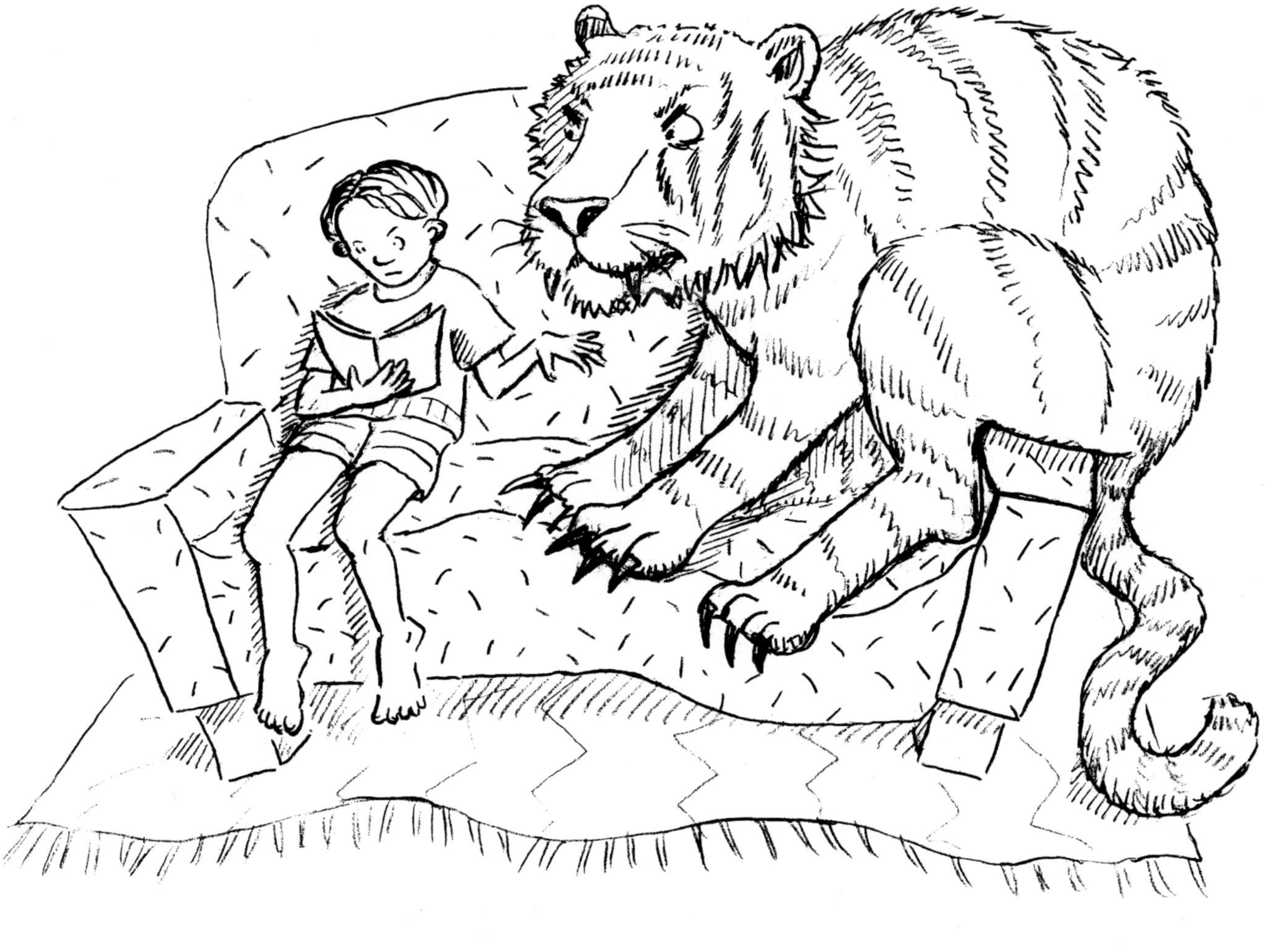

1. Unterstreiche im Text.

❶ Wer ist Toni?　　　　　　　❷ Wer ist Niklas?

2. Beantworte die Fragen.

❶ Warum wird Toni zum Tiger?　　❷ Wie reagiert Niklas?

3. Erzähle.
Zu welchem Tier würdest du werden?

4. Wie siehst du dann in deiner Fantasie aus?
Male dich.

Inge Schmidtke: Lesekompetenz entwickeln, Band 1
© Persen Verlag

Manchmal hat Rosalinde Berufs-
gedanken. Einen Beruf braucht jeder
einmal, hat die Mama gesagt.
Man muss sich rechtzeitig über-
5 legen, was aus einem einmal wird.
Der Fredi weiß schon genau, was
aus ihm einmal wird. Fußballer wird
der Fredi, sagt er. Mittelstürmer.
Wenn möglich, am liebsten beim
10 Verein „Zwietracht Podersdorf".
Rosalinde würde auch gern
Fußballerin werden.
Tor-Frau möchte sie später einmal
sein. Aber alle Buben in der Klasse
15 lachen sie deshalb aus.
„Plemplem, total plemplem", sagen
sie und tippen sich an die Stirn.
Die Mädchen in Rosalindes Klasse
finden eine Tor-Frau auch
20 „plemplem, total plemplem".

Darum redet Rosalinde
in der Schule nicht mehr von ihrem
Lieblingsberuf. Sie denkt sich
Ersatzberufe aus: Fernlastfahrerin,
25 Baggerführerin, Försterin, Hundezüchterin, Taxifahrerin, Schornsteinfegerin, Sportreporterin ... Aber auch
mit den Ersatzberufen hat Rosalinde
in der Klasse nicht viel Erfolg.
30 Mädchen, das sagen alle
in der Klasse, werden einmal andere
Berufe haben: Lehrerin, Kranken-
schwester, Friseuse, Verkäuferin,
Bürofrau, Kinderärztin.

35 Nach stundenlangem, tagelangem,
wochenlangem, monatelangem
Nachdenken hat sich Rosalinde gesagt: „Nein! Das sind ja alles ganz
nette und gute und anständige Be-
40 rufe, aber das ist alles nichts für
mich! Das ist nämlich alles nichts
gegen eine Hochsee-Kapitänin,
eine Düsenfliegerpilotin, eine Raum-
fahrerin, eine Brückenbau-
45 Ingenieurin – und eine Tor-Frau!"

Der Fredi ist bei Rosalinde
zu Besuch. Sie spielen mit
dem Geburtstagsbagger und mit
dem Baukasten und mit der
50 Autobahn.
Rosalinde versucht, dem Fredi die
Sache mit den Berufen zu erklären.
Der Fredi ist ihr Freund.
Der Fredi muss das verstehen.

55 Doch der Fredi behauptet: „Ingenieur kannst du nicht werden.
Da muss man viel mit Zahlen und
Rechnen tun. Mädchen sind nicht
dafür begabt!" Bei den Rechen-
60 arbeiten schreibt der Fredi immer
von Rosalinde ab. Eine ganze
Menge „nicht genügend" hätte er
schon bekommen, wenn er Rosalinde nicht als Nachbarin hätte.
65 Und wenn der Fredi von der Lehrerin
aufgerufen wird, dann sagt ihm
Rosalinde vor.
„Außerdem verstehen Mädchen von
der Technik nichts", sagt der Fredi.
70 Gestern hat Rosalinde Fredis
Vierminen-Kugelschreiber repariert,
weil es der Fredi nicht geschafft hat.

Und vorgestern hat Rosalinde
dem Fredi erklärt, wozu die Räder
75 im Wecker da sind und warum
ein Wecker eine Feder braucht und
wieso ein Batteriewecker keine Feder braucht und viel weniger Räder
hat. Rosalinde weiß das. Der Opa
80 hat es ihr erklärt.
„Und Kapitän geht schon
überhaupt nicht", sagt der Fredi,
„so ein Kapitän, der braucht
viel Mut. Der braucht dreimal so viel
85 Mut, wie ein Mädchen überhaupt
haben kann!"
Da wird Rosalinde wütend, sie
schreit: „Du Depp, du! Wer traut sich
vom Dreimeterbrett zu springen?
90 Ich oder du? Wer traut sich in den
finsteren Keller runter? Ich oder du?
Wer klettert auf den Kastanien-
baum? Ich oder du?"

Der Fredi tut, als wären das alles
95 keine besonders mutigen Sachen.
Der Fredi sagt: „Das könnte ich doch
auch. Ich will bloß nicht!"
Jetzt ist Rosalindes Wut so groß,
dass sie rot vor Zorn wird und richtig
100 zittert. Sie springt auf und packt den
Fredi am Arm. „Gib zu, dass ich
zumindest genauso mutig bin wie
du!", brüllt sie. Der Fredi gibt es
nicht zu. Rosalinde zieht den Fredi
105 vom Sessel hoch. Sie beutelt ihn
durch. Der Fredi will sich losreißen,
aber es gelingt ihm nicht. Da tritt er
mit den Füßen nach Rosalindes
Schienbein. Fußtritte, die wehtun,
110 machen die wütende Rosalinde
noch wütender. Sie packt den Fredi,
hebt ihn hoch und schleudert ihn aufs
Bett. Der Fredi saust auf die
Matratze.

115 Die Matratze hopst, der Betteinsatz
quietscht und der Fredi schreit:
„Aber auf alle Fälle hast du für einen
richtigen Männerberuf nicht genug
Kraft!" Tränen rinnen dem Fredi über
120 die Wangen. Da gibt Rosalinde auf!
Manchmal nützt „recht haben" gar
nichts. Manchmal, denkt Rosalinde,
könnte man aus der Haut fahren!

Der Fredi bleibt auf dem Bett liegen.
125 Er ist beleidigt. Rosalinde setzt sich
wieder an den Tisch und lässt den
Bagger herumfahren, Bausteine
hochheben und wieder abladen.
Der wird schon noch sehen, denkt
130 Rosalinde. Der wird auch noch
draufkommen!
Verkäufer wird er werden, Kranken-
pfleger, Kindermann, Bürobote,
Säuglingsbruder, Servierknabe,
135 Kindergärtner! Und dann kann er
zu mir kommen um ein Autogramm!
Tor-Frauen-Autogramme sind
begehrt! Anstellen kann er sich
bei mir, in einer langen Schlange!
140 Aber ob ich ihm dann ein Autogramm geben werde, denkt
Rosalinde, das muss ich mir erst
überlegen!

Christine Nöstlinger

Inge Schmidtke: Lesekompetenz entwickeln, Band 1
© Persen Verlag

Rosalinde hat Gedanken im Kopf

1. Beantworte die Fragen.

Was möchte Rosalinde am liebsten werden?

_____

Welche „Ersatzberufe" denkt sie sich aus?

_____

_____

2. Ergänze die Tabelle mit Stichpunkten.

	Fredi meint, diese Berufe wären nichts für Mädchen. Warum?	Was erfährt man dazu über Rosalinde?
Ingenieur		
Kapitän		

3. Schreibe einen Steckbrief zu Rosalinde oder Fredi.

1. **Was meinst du zu dieser Geschichte?**

_____

_____

2. **Was möchtest du später einmal werden?**
   Schreibe darüber.

_____

_____

_____

3. **In diesem Silbenrätsel sind 7 Berufe versteckt.**
   Sie stehen auch in der Geschichte.

Kran	vier	ro	te	be
ger	Kin	Ser	Pi	Raum	rin
pfle	tin	bo	fah	Schorn	re
der	ken	lo	Bü	rin	
stein	kna	fe	mann	ge	

_____   _____

_____   _____   _____

_____   _____

Rosalinde hat Gedanken im Kopf

Manchmal hat Rosalinde Berufs-
gedanken. Der Fredi weiß schon
genau, was aus ihm einmal wird.
Fußballer wird der Fredi, sagt er.
5 Rosalinde würde auch gern Fußballerin werden. Tor-Frau möchte
sie später einmal sein. Aber alle
Buben in der Klasse lachen sie
deshalb aus. Die Mädchen in
10 Rosalindes Klasse finden eine
Tor-Frau auch „plemplem, total
plemplem". Darum redet Rosalinde
in der Schule nicht mehr von ihrem
Lieblingsberuf.

15 Sie denkt sich Ersatzberufe aus:
Fernlastfahrerin, Baggerführerin,
Försterin, Hundezüchterin,
Taxifahrerin, Schornsteinfegerin,
Sportreporterin ... Aber auch
20 mit den Ersatzberufen hat Rosalinde
in der Klasse nicht viel Erfolg.
Mädchen, das sagen alle in der
Klasse, werden einmal andere
Berufe haben: Lehrerin, Kranken-
25 schwester, Friseuse, Verkäuferin,
Bürofrau, Kinderärztin ...

Der Fredi ist bei Rosalinde
zu Besuch. Rosalinde versucht,
dem Fredi die Sache mit den Berufen
30 zu erklären. Fredi behauptet:
„Ingenieur kannst du nicht werden.
Da muss man viel mit Zahlen und
Rechnen tun. Mädchen sind nicht
dafür begabt!" Bei den Rechen-
35 arbeiten schreibt der Fredi immer
von Rosalinde ab.

„Außerdem verstehen Mädchen von
der Technik nichts", sagt der Fredi.
Gestern hat Rosalinde Fredis
40 Vierminen-Kugelschreiber repariert,

weil es der Fredi nicht geschafft hat.
„Und Kapitän geht schon überhaupt
nicht", sagt der Fredi, „so ein Kapitän, der braucht viel Mut.
45 Der braucht dreimal so viel Mut,
wie ein Mädchen überhaupt haben
kann!" Da wird Rosalinde wütend,
sie schreit: „Du Depp, du!
Wer traut sich vom Dreimeterbrett
50 zu springen? Ich oder du? Wer traut
sich in den finsteren Keller runter?
Ich oder du?" Fredi sagt: „Das könnte ich doch auch. Ich will bloß nicht!"

Jetzt ist Rosalindes Wut so groß,
55 dass sie rot vor Zorn wird.
Sie springt auf und packt den Fredi
am Arm. „Gib zu, dass ich
zumindest genauso mutig bin
wie du!", brüllt sie. Der Fredi gibt es
60 nicht zu. Rosalinde zieht den Fredi
vom Sessel hoch. Sie packt den
Fredi, hebt ihn hoch und schleudert
ihn aufs Bett. Der Fredi saust auf
die Matratze. Fredi schreit: „Aber auf
65 alle Fälle hast du für einen richtigen
Männerberuf nicht genug Kraft!"
Tränen rinnen dem Fredi über die
Wangen.

Da gibt Rosalinde auf! Manchmal
70 nützt „recht haben" gar nichts.
Manchmal, denkt Rosalinde,
könnte man aus der Haut fahren!

Christine Nöstlinger

Rosalinde hat Gedanken im Kopf

1. Beantworte die Fragen.

Was möchte Rosalinde am liebsten werden?

_____

Welche „Ersatzberufe" denkt sie sich aus?

_____

_____

2. Ergänze die Tabelle mit Stichpunkten.

	Fredi meint, diese Berufe wären nichts für Mädchen. Warum?	Was erfährt man dazu über Rosalinde?
Ingenieur		
Kapitän		

3. In diesem Silbenrätsel sind 4 Berufe versteckt. Sie stehen auch in der Geschichte.

Pi   stein   ge   re
fah   tin   te
rin   rin
lo   Schorn
rin   Raum   fe   Förs

_____

_____

_____

Inge Schmidtke: Lesekompetenz entwickeln, Band 1
© Persen Verlag

„Dreimal verflixtes Krötenbein",
schimpfte Tamara und schaltete
verärgert den Fernseher aus.
„Ich mag nicht fernsehen! Erst recht
5   keine Hexen-Talkshows! Ich will
zur Walpurgis-Party, genau wie
meine Schwestern!" Wie gemein,
dass sie zu Hause bleiben musste!
Ungerecht war das, ganz furchtbar
10 ungerecht! Die jungen Hexen hatten
in der letzten Zeit kein anderes
Gesprächsthema gehabt als
diese Party. „Was ziehe ich denn in
der Walpurgisnacht an?",
15 hatte Sybilla dauernd gefragt.
„Ob ich meine Haare vorher noch
einmal färben soll? Karottenorange
steht mir bestimmt gut!" „Ich mag's
lieber grün", hatte Isis behauptet
20 und sich die Haare – ratzfatz! – giftig
knallgrün gehext.

Vorhin hatten Isis und Sybilla
ihre Turbo-Besen zwischen die Beine
geklemmt und waren losgedüst –
25 zum Berggipfel, wo das Hexentreffen stattfand. „Trinkt auf keinen
Fall Fliegenpilztee! Und dass ihr
euch ja an die Geschwindigkeits-
begrenzung haltet!", hatte Tamara
30 ihnen nachgerufen. „Es ist ein
bisschen neblig, da solltet ihr nicht
mehr als fünfzig Kilometer
pro Stunde ..." Aber Isis und Sybilla
kicherten nur. Surr, witsch –
35 sie sausten schon halsbrecherisch
über das schräge Hexenhausdach.
Zornig kehrte Tamara ins Haus
zurück. Kater Miromar sprang auf
ihren Schoß. Tamara streichelte ihn,
40 dass die Funken sprühten.

„Es ärgert mich", gestand sie.
„Ich muss immer zu Hause bleiben.
Die anderen gehen weg, amüsieren
sich und fliegen ihre Besen kaputt.
45 Ich war schon eine Ewigkeit nicht
mehr im Hexenkino! Und dauernd
muss ich das Haus hüten und auf
unsere Zauberbücher aufpassen –
als ob irgendwer das olle Zeug
50 klauen würde!" Plötzlich hellte sich
Tamaras Gesicht auf. Sybilla und
Isis hatten sich vor kurzem einen
Zaubercomputer angeschafft. Bisher
hatte Tamara noch nie an das Gerät
55 gedurft. Jetzt würden die Schwestern
stundenlang weg sein. Das war
die Gelegenheit, den Computer
endlich einmal auszuprobieren!
Tamara schubste Miromar
60 von ihrem Schoß und lief hinauf
in die Dachkammer, wo der Computer
stand. Es war ein tolles Ding. Damit
konnte man sich mit den Zauberern
und Hexen auf der anderen Seite
65 der Welt unterhalten. Man konnte
Zaubersprüche und Rezepte austau-
schen und erfuhr sogar die neuesten
Hexenwitze. Tamara setzte sich vor

den Computer und schaltete ihn ein.

70 Klick-klick – hurtig huschten ihre langen Fingernägel über die Tastatur. Tamara hatte Sybilla einmal über die Schulter geschaut und kannte sich mit dem Programm ein

75 bisschen aus. Es war eigentlich gar nicht schwer ...
Oh, hoppla, ein Zauberspruch-Wettbewerb! Sollte Tamara da mitmachen? Ein Sprecher sagte:

80 „Es ist Sabrina aus Kalifornien soeben gelungen, ihren Ehemann in einen Meerrettich zu verwandeln. Wer kann dieses Meisterstück übertreffen?" Tamara schüttelte

85 den Kopf. „Ich nicht", sagte sie und klickte weiter. Sie las die Wettervorhersage, die Lottozahlen für übernächste Woche und stieß schließlich auf Hexenunterricht für

90 Fortgeschrittene. „Dritte Übung: Wie man Gewitter hext", erklärte eine Frauenstimme. „Dazu muss man sehr, sehr zornig sein. Dann streut man eine Prise Pfeffer ins

95 Kaminfeuer und sagt: Blitz und Zorn, spitzer Dorn, Hagel und Saus, Donner und Braus!" Tamara sprach die Worte leise mit. Hoffentlich merkte sie sich den Spruch!

100 Sie hatte schon immer einmal ein Gewitter hexen wollen! Tamara konnte es gar nicht erwarten, den Zauber auszuprobieren. Rasch schaltete sie den Computer aus und

105 rannte hinunter ins Wohnzimmer. Es war nicht schwer, zornig zu sein. Sie brauchte nur an Sybilla und Isis zu denken. Pfeffer – kein Problem! Tamara stäubte eine gehörige

110 Ladung davon ins Kaminfeuer. „Blitz und Zorn, spitzer Dorn, Hagel

und Saus, Donner und Braus!"
Hui, da rüttelte schon der Sturmwind an den Fensterläden, die Dachziegel

115 klapperten, und ein greller Blitz erhellte die Nacht. Tamara hielt sich die Ohren zu, als ein heftiger Donnerschlag ertönte. Vielleicht hätte sie doch nicht so viel Pfeffer

120 nehmen sollen!
Eine halbe Stunde später ging die Haustür auf, und zwei tropfnasse und schlecht gelaunte Schwestern kamen zurück. „So ein Reinfall!",

125 schimpfte Isis. „Die schöne Party! Ganz und gar verdorben! Schon der erste Regenguss hat das tolle Hexenfeuer gelöscht!" „Und dabei war überhaupt kein Gewitter ge-

130 meldet", beschwerte sich Sybilla. „Ich wette, jemand hat das Unwetter herbeigehext, nur um uns den Spaß zu verderben! Na warte, wenn ich den erwische!" Tamara beugte sich

135 über Miromar, damit die Schwestern nicht sahen, wie sie grinste. „Tamara", rief Isis streng. „Hast du etwa" – „Unsinn, wie kann sie ein Gewitter hexen?", sagte Sybilla

140 sofort. „Tamara kann doch nicht einmal einen leichten Sommerwind herbeizaubern, und Nebel schafft unsere kleine, dumme Schwester auch nur, wenn man ihr beim Hexen

145 die Hand hält!" Sybilla und Isis kicherten. „Wenn ihr wüsstet!", dachte Tamara. „Mit dem Zauber-computer bin ich noch längst nicht fertig!"

Marliese Arold

Inge Schmidtke: Lesekompetenz entwickeln, Band 1
© Persen Verlag

Die verpatzte Walpurgisnacht-Party

1. Welche Antwort stimmt? – Teil 1
Markiere.

❶ Wer kommt in der Geschichte vor?
- (N) Drei Zauberer.
- (E) Drei Gespenster.
- (D) Drei Hexenschwestern.

❷ Wo wohnen sie?
- (D) In einer Mühle.
- (A) In einem Hexenhaus.
- (R) In einem Fliegenpilz.

❸ Was war in der letzten Zeit das Gesprächsthema der Schwestern?
- (A) Dass sie auf dem Turbo-Besen reiten dürfen.
- (S) Die Party der Walpurgis-nacht.
- (B) Der neue Hexencomputer.

❹ Wer fliegt zur Party?
- (W) Isis und Sybilla.
- (V) Tamara.
- (O) Alle drei Schwestern.

❺ Warum ist Tamara wütend?
- (B) Weil sie den Besen nicht in Gang bekommt.
- (Z) Weil der Computer nicht läuft.
- (A) Weil sie zu Hause bleiben soll.

❻ Wo findet die Hexenparty statt?
- (R) Auf dem Berggipfel.
- (P) Im Bergtal.
- (T) Auf dem Hexentanzplatz.

❼ Warum darf Tamara nicht mit zum Hexentreffen?
- (W) Weil sie noch zu klein dafür ist.
- (Z) Weil sie erst das Hexen lernen soll.
- (S) Weil sie auf die Zauber-bücher aufpassen und das Haus hüten soll.

2. Was möchtest du gern hexen können? Denk dir dafür einen Hexenspruch aus.

_____

_____

_____

Welche Antwort stimmt? – Teil 2

❽ Was kann man mit dem Zauber-computer machen?

- (M) Einsteigen und zum Mond fliegen.
- (U) Sich mit den Hexen auf der anderen Seite der Welt unterhalten.
- (A) Ehemänner in Meerrettich verwandeln.

❾ Was lernt Tamara am Computer?

- (N) Wie man Lottozahlen voraussagt.
- (R) Wie man eine Wetter-vorhersage macht.
- (P) Wie man ein Gewitter macht.

❿ Wie kamen die Schwestern von der Party zurück?

- (A) Heiter und beschwingt.
- (E) Tropfnass und schlecht gelaunt.
- (I) Lachend und ausgelassen.

⓫ Vermutet Sybilla, dass Tamara das Gewitter gezaubert hat?

- (S) Ja, weil kein Gewitter angesagt war.
- (P) Ja, weil sie gemerkt hat, dass es gehext wurde.
- (R) Nein, sie hält Tamara für zu dumm dafür.

Lösungssatz: __ __ __   __ __ __   __ __ __ __ __ !

3. **Rätselgitter**
   6 Wörter aus der Geschichte sind hier versteckt.
   Kreise sie ein.

T	T	O	K	H	E	F	A	Z	G	I
L	O	T	T	O	Z	A	H	L	E	N
O	R	M	G	P	A	R	T	Y	B	H
E	D	A	R	I	K	R	T	K	H	A
L	H	E	R	B	S	W	E	U	N	K
M	E	W	G	E	W	I	T	T	E	R
I	X	O	E	S	E	N	V	T	L	I
B	E	V	R	E	A	I	B	L	E	N
D	N	E	L	N	B	R	T	H	S	U
U	R	C	O	M	P	U	T	E	R	W

Inge Schmidtke: Lesekompetenz entwickeln, Band 1
© Persen Verlag

Die verpatzte Walpurgisnacht-Party

„Dreimal verflixtes Krötenbein",
schimpfte Tamara und schaltete verärgert den Fernseher aus. „Ich will zur
Walpurgis-Party, genau wie meine
5 Schwestern!" Wie gemein, dass sie
zu Hause bleiben musste! Ungerecht
war das, ganz furchtbar ungerecht!
Vorhin hatten Isis und Sybilla
ihre Turbo-Besen zwischen die Beine
10 geklemmt und waren losgedüst –
zum Berggipfel, wo das Hexentreffen
stattfand. „Es ärgert mich", gestand
sie. „Ich muss immer zu Hause bleiben. Die anderen gehen weg, amü-
15 sieren sich und fliegen ihre Besen
kaputt. Und dauernd muss ich das
Haus hüten und auf unsere Zauber-
bücher aufpassen." Plötzlich hellte
sich Tamaras Gesicht auf. Sybilla und
20 Isis hatten sich vor kurzem einen
Zaubercomputer angeschafft. Bisher
hatte Tamara noch nie an das Gerät
gedurft. Jetzt würden die Schwestern
stundenlang weg sein. Das war die
25 Gelegenheit, den Computer endlich
einmal auszuprobieren! Tamara setzte sich vor den Computer und
schaltete ihn ein. Klick-klick – hurtig
huschten ihre langen Fingernägel
30 über die Tastatur. Tamara hatte
Sybilla einmal über die Schulter
geschaut und kannte sich mit dem
Programm ein bisschen aus. Es war
eigentlich gar nicht schwer ... Sie las
35 die Wettervorhersage, die Lottozahlen
für übernächste Woche und stieß
schließlich auf Hexenunterricht für
Fortgeschrittene. „Dritte Übung:
Wie man Gewitter hext", erklärte eine
40 Frauenstimme. „Dazu muss man
sehr, sehr zornig sein. Dann streut
man eine Prise Pfeffer ins Kaminfeuer
und sagt: Blitz und Zorn, spitzer Dorn,
Hagel und Saus, Donner und Braus!"

45 Tamara konnte es gar nicht erwarten,
den Zauber auszuprobieren. Rasch
schaltete sie den Computer aus und
rannte hinunter ins Wohnzimmer.
Es war nicht schwer, zornig zu sein.
50 Sie brauchte nur an Sybilla und Isis
zu denken. Pfeffer – kein Problem!
Tamara stäubte eine gehörige
Ladung davon ins Kaminfeuer.
„Blitz und Zorn, spitzer Dorn, Hagel
55 und Saus, Donner und Braus!"
Hui, da rüttelte schon der Sturmwind
an den Fensterläden, die Dachziegel
klapperten, und ein greller Blitz
erhellte die Nacht.
60 Eine halbe Stunde später ging
die Haustür auf und zwei tropfnasse
und schlecht gelaunte Schwestern
kamen zurück. „So ein Reinfall!",
schimpfte Isis. „Die schöne Party!
65 Ganz und gar verdorben!" „Und
dabei war überhaupt kein Gewitter
gemeldet", beschwerte sich Sybilla.
„Tamara", rief Isis streng. „Hast du
etwa" – „Unsinn, wie kann sie ein
70 Gewitter hexen?", sagte Sybilla sofort.
„Tamara kann doch nicht einmal
einen leichten Sommerwind herbeizaubern, und Nebel schafft unsere
kleine, dumme Schwester auch nur,
75 wenn man ihr beim Hexen die Hand
hält!" Sybilla und Isis kicherten.
„Wenn ihr wüsstet!", dachte Tamara.

Marliese Arold

1. Welche Antwort stimmt?
Markiere.

❶ Wer kommt in der Geschichte vor?

(N) Drei Zauberer.

(E) Drei Gespenster.

(G) Drei Hexenschwestern.

❷ Wo wohnen sie?

(D) In einer Mühle.

(E) In einem Hexenhaus.

(R) In einem Fliegenpilz.

❸ Wer fliegt zur Party?

(W) Isis und Sybilla.

(V) Tamara.

(O) Alle drei Schwestern.

❹ Wo findet die Hexenparty statt?

(I) Auf dem Berggipfel.

(P) Im Bergtal.

(T) Auf dem Hexentanzplatz.

❺ Warum darf Tamara nicht mit zum Hexentreffen?

(W) Weil sie noch zu klein dafür ist.

(Z) Weil sie erst das Hexen lernen soll.

(T) Weil sie auf die Zauberbücher aufpassen und das Haus hüten soll.

❻ Was lernt Tamara am Computer?

(N) Wie man Lottozahlen voraussagt.

(R) Wie man eine Wettervorhersage macht.

(T) Wie man ein Gewitter macht.

❼ Wie kamen die Schwestern von der Party zurück?

(A) Heiter und beschwingt.

(E) Tropfnass und schlecht gelaunt.

(I) Lachend und ausgelassen.

❽ Vermutet Sybilla, dass Tamara das Gewitter gezaubert hat?

(S) Ja, weil kein Gewitter angesagt war.

(P) Ja, weil sie gemerkt hat, dass es gehext wurde.

(R) Nein, sie hält Tamara für zu dumm dafür.

Lösungswort: __ __ __ __ __ __ __ __

Inge Schmidtke: Lesekompetenz entwickeln, Band 1
© Persen Verlag

Die verpatzte Walpurgisnacht-Party

1. Was möchtest du gerne hexen können?
   Denk dir dafür einen Hexenspruch aus.

_____

_____

_____

_____

2. Rätselgitter
   6 Wörter aus der Geschichte sind hier versteckt.
   Kreise sie ein.

B	L	I	C	H	J	E	N	F	U	M	S	C	H	L	J	L
L	O	T	T	O	Z	A	H	L	E	N	G	O	P	A	F	O
R	E	M	N	E	D	F	J	G	E	T	U	M	S	Z	K	R
C	S	L	A	B	M	T	U	E	P	R	I	P	O	P	M	D
O	H	O	K	B	L	S	I	L	S	B	K	A	W	A	T	G
G	E	T	G	E	W	I	T	T	E	R	A	W	Z	R	F	I
K	X	O	P	S	Z	U	F	W	P	E	S	I	L	T	J	Z
T	E	W	I	E	M	T	T	G	A	M	L	T	M	Y	B	N
G	N	E	L	N	D	E	O	A	R	C	H	T	U	P	R	P
K	Z	A	H	D	S	R	E	V	E	N	N	G	D	S	E	N
P	K	V	C	N	N	A	B	G	V	B	O	W	E	V	W	I
B	E	W	I	F	C	O	M	P	U	T	E	R	C	K	N	L
N	W	E	N	D	O	U	F	A	I	R	U	B	E	W	R	O

1 Eine Witwe hatte zwei Töchter. Davon war die eine schön und fleißig, die andere hässlich und faul. Sie hatte aber die hässliche und faule viel lieber, denn sie war ihre richtige Tochter. Die andere musste alle Arbeit tun und das Aschenputtel im Hause sein.

2 Das arme Mädchen musste sich täglich hinaus neben die große Straße an einen Brunnen setzen und so viel spinnen, dass ihm das Blut aus den Fingern tropfte.
Nun trug es sich zu, dass die Spule einmal ganz blutig war. Da beugte es sich über den Brunnenrand, um sie abzuwaschen. Dabei glitt sie ihm aber aus der Hand und fiel in das tiefe Wasser.
Da lief das Mädchen weinend zur Stiefmutter und erzählte ihr das Unglück. Die schimpfte heftig und sagte unbarmherzig: „Du hast die Spule hinunterfallen lassen, nun hol sie auch wieder herauf."

3 Da ging das Mädchen zu dem Brunnen zurück und wusste nicht, was es anfangen sollte. In seiner großen Angst sprang es in den Brunnen hinein, um die Spule zu holen. Als es erwachte und wieder zu sich selber kam, stand es auf einer schönen Wiese. Die Sonne schien warm, und es blühten viele tausend Blumen.

4 Auf der Wiese ging es dahin und kam zu einem Backofen, der war voller Brot; das Brot aber rief: „Ach,

zieh' mich raus, zieh' mich raus, sonst verbrenn ich! Ich bin schon längst ausgebacken!" Da trat das fleißige Mädchen heran und holte alle Brote heraus.

5 Danach ging es weiter und kam zu einem Baum, der voller Äpfel hing. Der rief ihm zu: „Ach, schüttel mich, schüttel mich, meine Äpfel sind alle schon lange reif!" Da schüttelte es den Baum, dass die Äpfel herunterfielen, als regneten sie, und es schüttelte, bis keiner mehr oben war.

6 Dann ging es wieder weiter und kam endlich nach einem weiten Weg zu einem kleinen Haus, aus dem eine alte Frau herausschaute. Weil sie aber so große Zähne hatte, bekam das Mädchen Angst und wollte schnell fortlaufen. Die alte Frau aber rief ihm nach: „Fürchte dich nicht, liebes Kind, bleib bei mir! Wenn du alle Arbeiten im Hause ordentlich tun willst, so soll es dir gut gehen; nur musst du achtgeben, dass du mein Bett

Inge Schmidtke: Lesekompetenz entwickeln, Band 1
© Persen Verlag

gut machst, und es immer fleißig aufschüttelst, dass die Federn fliegen, denn dann schneit es in der Welt. Ich bin nämlich die Frau Holle."

7 Weil die Alte ihm so gut zusprach, willigte das Mädchen ein und trat in ihren Dienst. Es besorgte auch alles zu ihrer Zufriedenheit und schüttelte ihr das Bett immer tüchtig auf. Dafür hatte es auch ein gutes Leben bei ihr, bekam keine bösen Worte zu hören und alle Tage Gesottenes und Gebratenes zu essen.

8 Als es nun eine Zeit lang bei der Frau Holle gewesen war, wurde ihm ganz traurig um das Herz; denn obgleich es hier vieltausendmal besser war als zu Hause, so hatte es doch großes Heimweh. Endlich sagte es zu der Frau Holle: „Ich habe große Sehnsucht nach Hause bekommen, und wenn es mir auch noch so gut

hier geht, so kann ich doch nicht länger bleiben."
Die Frau Holle sagte: „Es gefällt mir, dass du wieder nach Hause möchtest, und weil du mir so treu gedient hast, will ich dich selbst wieder hinaufbringen."

9 Sie nahm es darauf bei der Hand und führte es vor ein großes Tor. Das Tor öffnete sich, und als das Mädchen gerade darunter stand, fiel ein gewaltiger Goldregen herab und alles Gold blieb an ihm hängen, sodass es über und über davon bedeckt war. „Das sollst du haben, weil du so fleißig gewesen bist", sprach die Frau Holle und gab ihm auch die Spule zurück, die ihm in den Brunnen gefallen war.

10 Darauf schloss sich das Tor, und das Mädchen befand sich wieder oben auf der Welt, nicht weit vom Haus seiner Mutter. Und als es in den Hof kam, saß der Hahn auf dem Brunnen und rief:

„Kikeriki, unsere goldene Jungfrau ist wieder hie."

Da ging es zu seiner Mutter, und weil es so mit Gold bedeckt ankam, wurde es gut aufgenommen.

11 Als die Mutter hörte, wie es zu dem Reichtum gekommen war, wollte sie der eigenen hässlichen und faulen Tochter gerne dasselbe Glück verschaffen.

Diese musste sich auch an den Brunnen setzen und spinnen; und damit ihre Spule blutig wurde, stach sie sich in die Finger und zerstieß sich die Hand an einer Dornenhecke. Dann warf sie die Spule in den Brunnen und sprang selber hinterdrein.

12 Sie kam, wie die andere, auf die schöne Wiese und ging auf demselben Pfad weiter. Als sie zu dem Backofen gelangte, schrie das Brot wieder: „Ach, zieh' mich raus, zieh' mich raus, sonst verbrenn' ich; ich bin schon längst ausgebacken!"
Die Faule aber antwortete: „Ich habe keine Lust, mich schmutzig zu machen", und ging weiter.
Bald kam sie zu dem Apfelbaum, der rief: „Ach, schüttel mich, schüttel mich, meine Äpfel sind alle schon lange reif." Sie antwortete aber: „Du kommst mir recht! Es könnte mir einer auf den Kopf fallen!" Damit ging sie weiter.

13 Als sie vor Frau Holles Haus kam, fürchtete sie sich nicht, weil sie von ihren großen Zähnen schon gehört hatte, und verdingte sich gleich als Magd. Am ersten Tag tat sie sich noch Zwang an, war fleißig und folgte der Frau Holle, wenn sie ihr etwas sagte, denn sie dachte an das viele Gold, das sie ihr schenken würde.
Am zweiten Tag aber fing sie schon an zu faulenzen und am dritten noch mehr. Da wollte sie morgens gar nicht aufstehen. Sie machte auch der Frau Holle das Bett schlecht und schüttelte es nicht so, dass die Federn aufflogen.

14 Das wurde der Frau Holle bald zu viel, und sie kündigte der Faulen den Dienst. Die war es wohl zufrieden und meinte, nun würde der Goldregen kommen.
Die Frau Holle führte sie auch zu dem Tor. Als sie aber darunter stand, wurde statt des Goldes ein großer Kessel voll schwarzem Pech ausgeschüttet. „Das ist zur Belohnung deiner Dienste", sagte die Frau Holle und schloss das Tor zu. Da kam die Faule ganz mit Pech bedeckt heim. Der Hahn auf dem Brunnen aber rief, als er sie sah:

„Kikeriki, unsere schmutzige Jungfrau ist wieder hie!"

Das Pech aber wollte, solange sie lebte, nicht abgehen und blieb fest an ihr hängen.

Brüder Grimm

Inge Schmidtke: Lesekompetenz entwickeln, Band 1
© Persen Verlag

Frau Holle

1. Roter Faden
   Jedes Kästchen gehört zu einem Abschnitt des Märchens.
   Trage für jeden Abschnitt einen wichtigen Stichpunkt ein.

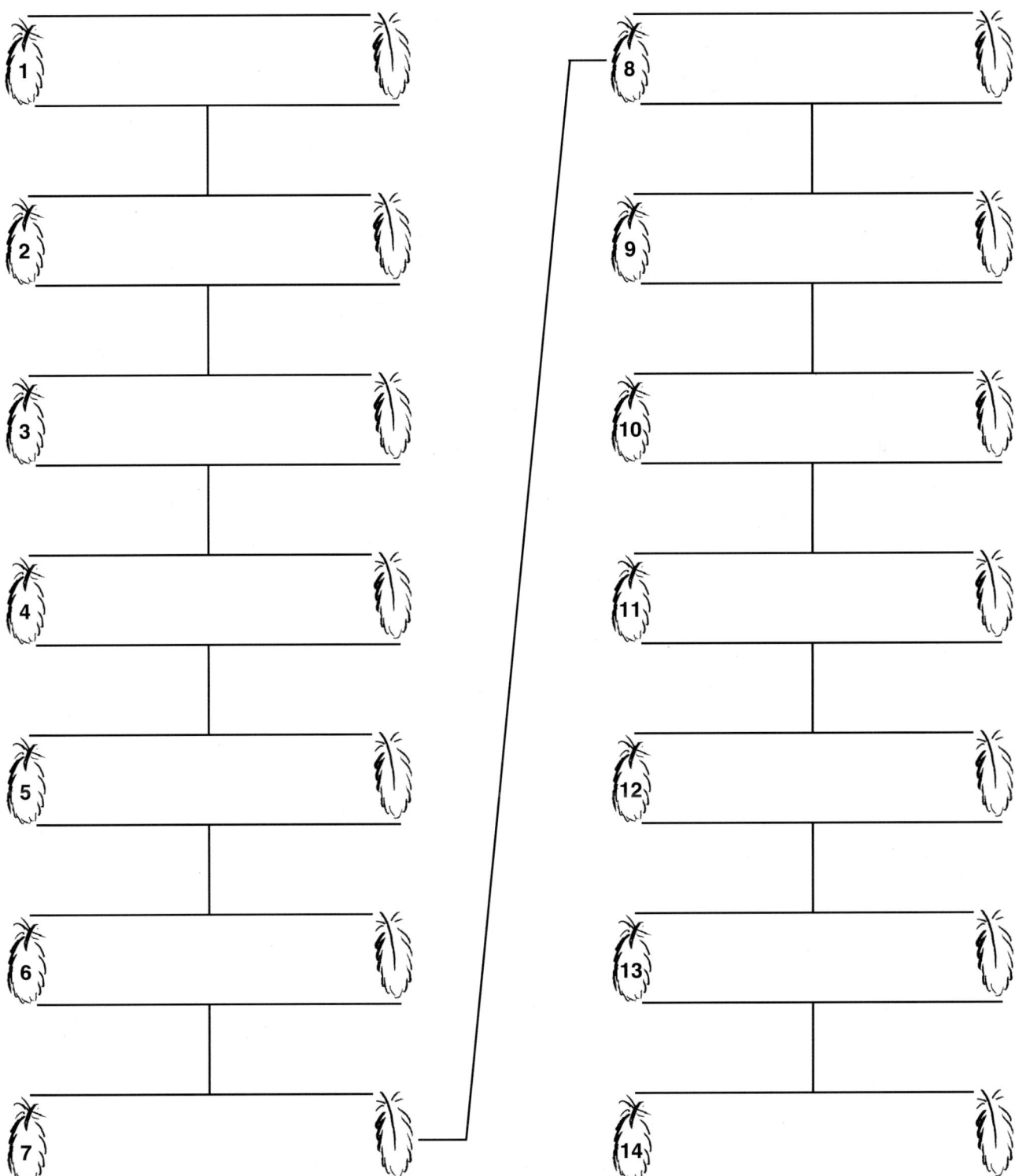

2. Erzähle das Märchen nach.
   Benutze dazu den roten Faden.

1. Ordne zu.

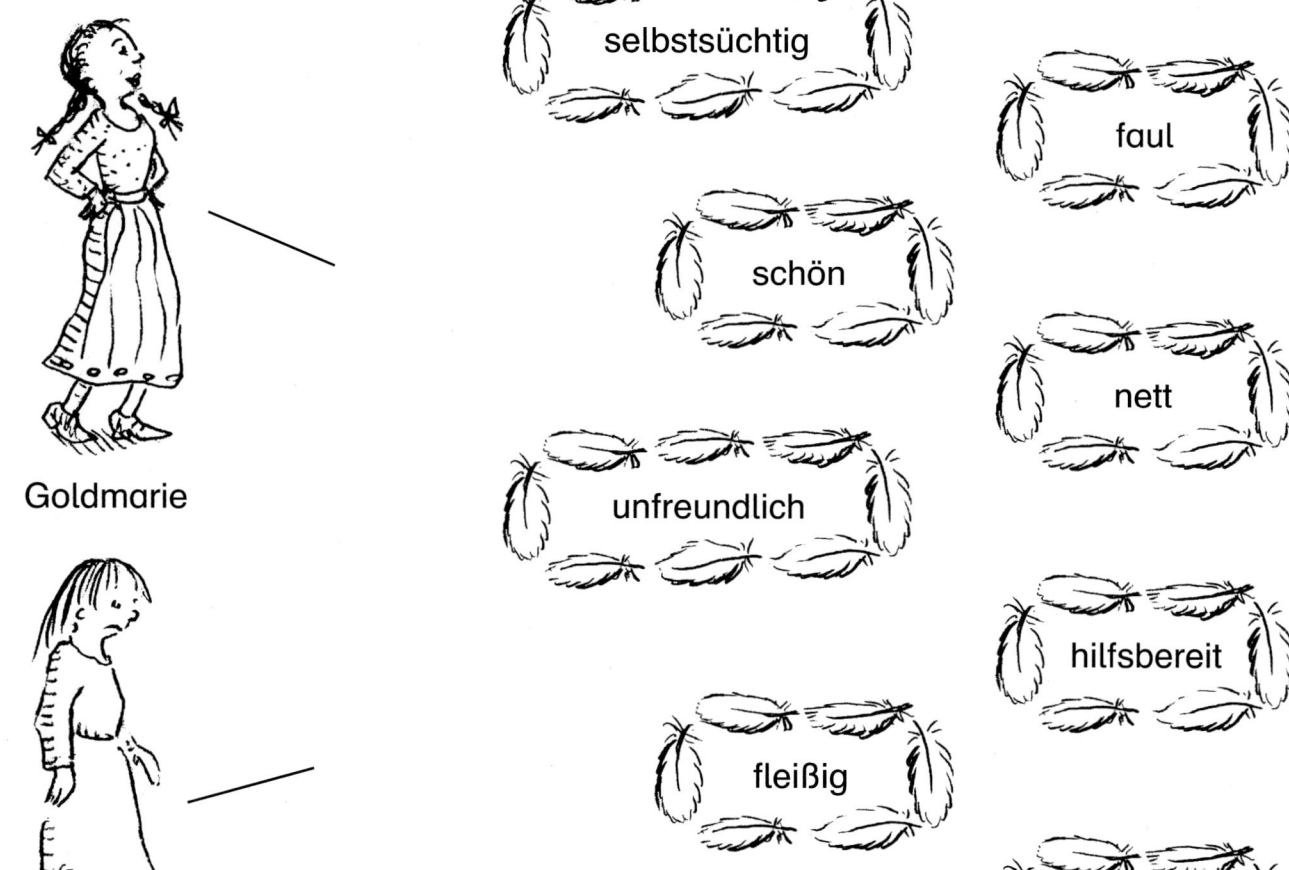

Goldmarie

Pechmarie

selbstsüchtig

faul

schön

nett

unfreundlich

hilfsbereit

fleißig

hässlich

2. Spielt das Märchen. Wie viele Mitspieler braucht ihr?

Frau Holle

1. Frau Hol - le, Frau Hol - le hat hin - term Berg ein Haus,

da schüt - telt sie die Bet - ten, die wei - ßen Bet - ten aus.

2. Das fleißige Mädchen, das hilft Frau Holle sehr.
   Es schüttelt ihr die Betten, da fällt viel weißer Schnee.

3. Das faule und hässliche Mädchen hilft ihr nicht.
   Es schüttelt nicht die Betten und macht ein bös´ Gesicht.

4. Das fleißige Mädchen, das wird mit Gold bedacht.
   Das faule aber wird als die Pechmarie verlacht.

Inge Schmidtke: Lesekompetenz entwickeln, Band 1
© Persen Verlag

Die drei Federn

Es war einmal ein König, der
schickte seine drei Söhne in die Welt.
Welcher von ihnen das feinste
Linnengarn mitbrächte, der sollte
5 nach seinem Tode das Reich erben.
Damit sie wüssten, wohinaus
sie zögen, stellte er sich vor sein
Schloss und blies drei Federn in
die Luft. Nach deren Flug sollten
10 sie sich richten.
Die eine flog nach Westen,
der folgte der älteste, die andere
nach Osten, der folgte der zweite,
die dritte fiel auf einen Stein, nicht
15 weit von dem Palast. Da musste der
dritte Prinz, der Dummling, zurück-
bleiben. Die anderen lachten ihn aus
und sagten, er solle bei dem Stein
das Linnengarn aufsuchen.
20 Der Dummling aber setzte sich
auf den Stein und weinte. Und wie
er so hin und her wankte, schob sich
der Stein plötzlich fort. Darunter kam
eine Marmorplatte mit einem Ring
25 zum Vorschein. Der Dummling hob
sie auf. Da war eine Treppe, die
führte hinunter in die Erde.
Darauf stieg er hinunter und kam in
ein unterirdisches Gewölbe. Da saß
30 ein Mädchen und spann Flachs.
Es fragte ihn, warum er so verweinte
Augen hätte.

Er klagte ihm sein Leid, dass er
das feinste Linnen suchen solle und
35 doch nicht danach ausziehen dürfe.
Da haspelte ihm das Mädchen
sein Garn ab. Das war das aller-
feinste Linnengarn, das man je
gesehen hatte.

40 Wie er nun hinaufkam, war er lange
Zeit weg gewesen. Seine Brüder
waren eben zurückgekommen und
glaubten gewiss, sie hätten
das Feinste mitgebracht. Als aber
45 ein jeder das Seinige vorzeigte,
da hatte der Dummling noch einmal
so feines Garn und das Reich
wäre sein gewesen.
Die Brüder gaben sich aber nicht
50 zufrieden und verlangten vom Vater,
er solle noch eine Aufgabe stellen.
Der König verlangte nun den schönsten Teppich, blies die drei Federn
in die Luft und die dritte fiel wieder
55 auf den Stein. Der Dummling durfte
nicht weiter gehen, die anderen
zogen aber nach Osten und Westen.
Er hob den Stein auf und ging
wieder hinab und fand das Mädchen
60 dabei, einen wunderschönen

Der Dummling ging hin und kam
in ein Gemach, worin alles von Gold
und Edelsteinen schimmerte und
flimmerte, aber statt einer schönen
90 Frau saß ein garstiger Frosch mitten
darin. Der Frosch rief ihm zu:
„Umschling mich und versenk dich!"

Der Dummling wollte aber nicht,
da rief der Frosch zum zweiten und
95 dritten Mal: „Umschling mich und
versenk dich!"
Da fasste der Dummling den Frosch
und trug ihn hinauf zu einem Teich
und sprang mit ihm hinein.
100 Kaum aber hatte das Wasser sie
berührt, so hielt er die allerschönste
Jungfrau in seinen Armen.

Sie stiegen heraus und er führte sie
vor seinen Vater. Da war sie tausend-
105 mal schöner als die Frauen, die sich
die anderen Prinzen mitgebracht
hatten. Nun wäre das Reich wieder
dem Dummling zugefallen.
Die zwei Brüder waren aber wieder
110 nicht zufrieden und verlangten von
ihrem Vater, dass der das Reich
bekommen solle, dessen Frau bis
zu einem Ring hochspringen könnte,
der mitten im Saal hing. Der König
115 willigte endlich ein.
Die Frau des ältesten konnte aber
kaum halb so hoch hinaufkommen,
die Frau des zweiten kam ein wenig
höher, aber die Frau des Dummlings
120 sprang bis in den Ring.
Da mussten sie endlich zugeben,
dass der Dummling nach ihres
Vaters Tod das Reich erben sollte.
Als der Vater starb, ward er König
125 und hat lange in Weisheit regiert.

Brüder Grimm

Teppich aus den leuchtendsten
Farben zu weben. Als es damit fertig
war, sprach es: „Der ist für dich
gewebt. Den trag hinauf, kein
65 Mensch auf der Welt wird einen so
prächtigen Teppich haben."

Er trat damit vor seinen Vater und
übertraf wieder seine Brüder, die
die schönsten Teppiche aus allen
70 Ländern zusammengebracht hatten.
Die beiden Brüder waren es wieder
nicht zufrieden und baten den Vater,
eine dritte Bedingung zu stellen.
Wer das Reich erben wolle, müsse
75 die schönste Frau mit nach Hause
bringen. Die Federn wurden wieder
geblasen. Die vom Dummling blieb
wieder auf dem Stein liegen. Da
ging er abermals hinunter und klag-
80 te dem Mädchen, was sein Vater
verlangte. Das Mädchen aber sagte,
es wolle ihm schon helfen. Er solle
nur weiter in dem Gewölbe gehen.
Da werde er die Schönste
85 auf der Welt finden.

Inge Schmidtke: Lesekompetenz entwickeln, Band 1
© Persen Verlag

Die drei Federn

1. Roter Faden. Beantworte die Fragen mit einem kurzen Stichpunkt.

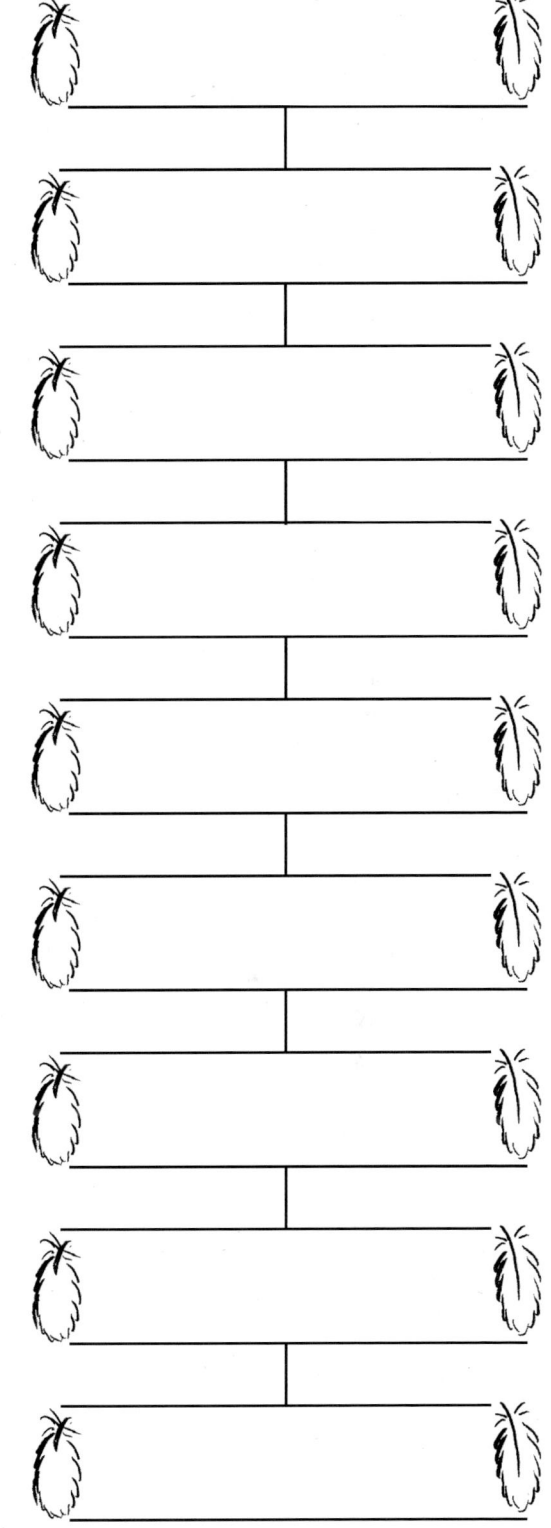

❶ Was sollten die Prinzen dem Vater als Erstes bringen?

❷ Warum weinte der Dummling?

❸ Was passierte ihm dann?

❹ Was war die zweite Aufgabe an die Prinzen?

❺ Was passierte dem Dummling dabei?

❻ Was war die dritte Aufgabe?

❼ Was passierte dem Dummling nun wieder?

❽ Was verlangten die Brüder zum Schluss?

❾ Wie endet das Märchen?

**2. Erzähle das Märchen nach.
Der rote Faden hilft dir dabei.**

1. Zeichne ein Leporello.
- Male zu jedem Abschnitt ein Bild (DIN A5).
- Klebe die Bilder wie eine Ziehharmonika aneinander
- Nun kannst du dein Leporello aufstellen.

2. Spiele das Märchen.
Wie viele Mitspieler brauchst du?

3. Halbe Wörter
Erkennst du diese Wörter?

DUMMLING   FEDER

KÖNIG   FROSCH

TEPPICH   STEIN

4. Gestalte selbst 2 halbe Wörter.
Gib sie einem Partner zum Enträtseln.
Kannst du auch seine halben Wörter erkennen?

Inge Schmidtke: Lesekompetenz entwickeln, Band 1
© Persen Verlag

Frau Holle – Die drei Federn

Allgemeine Merkmale eines Märchens

❶ Märchen beginnen oft mit: „Es war einmal ..." (Es wird keine Zeit und kein Ort angegeben).

❷ Es gibt gute und böse Figuren.

❸ Es siegt immer das Gute über das Böse, der Fleißige über den Faulen, der Arme über den Reichen.

❹ Es gibt oft fantastische Gestalten wie Zwerge, Feen, Hexen.

❺ Was im Märchen geschieht, gibt es im wirklichen Leben nicht (fantastische, unwahrscheinliche Begebenheiten).

❻ Der Held muss oft Abenteuer oder eine Prüfung bestehen.

❼ Die Zahlen 3 und 7 spielen oft eine besondere Rolle.

Fülle die Tabelle aus.

	Die drei Federn	Frau Holle	Mein Lieblingsmärchen _____
❶	Es war einmal ...		
❷		gut: Goldmarie böse:	
❸			
❹			
❺			
❻			
❼			

Till bäckt Eulen und Meerkatzen

„Der ist ja verrückt", sagen die Leute oft,
wenn sie von Tills Streichen hören.
Und ein paar Gescheite, die noch lachen
können, sagen dann: „Ja, Gott sei Dank,
dass es das noch gibt, einen, der
die Dinge verrückt, so wie es ihm gefällt,
damit nicht immer alles das gleiche Gesicht
und die gleiche Ordnung hat!"

Eines Tages kam Till zu einem Bäcker,
der dringend nach einem Gesellen suchte.
Schon nach wenigen Tagen ließ der
Bäckermeister Till kommen und bat ihn,
an seiner Stelle das Backen zu überneh-
men. Bis zum Morgen müsse alles fertig
sein. „Ja, was soll ich denn backen?",
fragte Till. Der Meister wurde zornig und
rief spöttisch: „Na, was pflegt ein Bäcker
schon zu backen? Eulen und Meerkatzen
natürlich!"

Als nun der Bäcker am frühen Morgen
in die Backstube kam, fand er keine
einzige Semmel und keinen einzigen
Brotwecken. Er sah überall nur gebackene
Eulen und Meerkatzen, Eulen und Meerkatzen in allen Größen, wohin er auch
schaute. „Ja, bist du denn von allen guten

Geistern verlassen!", tobte der Bäckermeister. „Was hast du denn gebacken?"
„Was ihr mir geheißen habt", sagte Till
ruhig, „Eulen und Meerkatzen." Der Bäcker
schimpfte und fluchte und wollte sich
nicht beruhigen. „Nimm dein Narrenzeug
und verschwinde!", schrie er mit hoch-
rotem Kopf. Till musste auch noch den
Teig bezahlen, den er verbraucht hatte.
Er gab dem Bäcker das Geld, steckte
alle seine Eulen und Meerkatzen
in einen Korb und ging rasch davon.

Er stellte sich vor die Kirche und zeigte
allen Leuten, die vorbeikamen, den Alten
und den Jungen, seine gebackenen Eulen
und Meerkatzen. Und da der nächste Tag
St. Nikolaustag war und alle Leute nach
kleinen Geschenken suchten, kam ihnen
der sonderbare Bäckergeselle mit seinen
Eulen und Meerkatzen gerade recht.
„Endlich einmal etwas Neues!", sagten sie.
„Nicht immer nur diese langweiligen,
runden Semmeln!" Und sie kauften und
kauften und Till verdiente viel mehr Geld,
als er dem Bäcker für den Teig gegeben
hatte.

Neu erzählt von Heinz Janisch

Inge Schmidtke: Lesekompetenz entwickeln, Band 1
© Persen Verlag

Till bäckt Eulen und Meerkatzen

1. Welche Antwort stimmt? Markiere.

❶ Wer ist der Held der Geschichte?
- (M) Eine Eule.
- (O) Eine Meerkatze.
- (S) Till Eulenspiegel.

❷ Zu wem kommt Till eines Tages?
- (C) Zu einem Bäcker.
- (H) Zu einem Gelehrten.
- (T) Zu einem Gesellen.

❸ Ist der Bäcker Till überlegen?
- (V) Nein, weil er zu zornig ist.
- (U) Ja, weil er älter ist und Till eingestellt hat.
- (H) Ja, weil er Bäckermeister ist und mehr vom Backen versteht als Till.

❹ Was antwortet der Meister auf Tills Frage, was er backen soll?
- (S) Semmeln und Brot.
- (W) Eulen und Meerkatzen.
- (P) Pfannkuchen und Pflaumenkuchen.

❺ Warum sagt er das?
- (A) Weil er Tills Frage für dumm und überflüssig hält.
- (O) Weil er sich als Meister aufspielen will.
- (P) Weil er will, dass Till Eulen und Meerkatzen backt.

❻ Warum schimpft und flucht der Bäcker am nächsten Morgen?
- (W) Weil Till zu viele Eulen und Meerkatzen gebacken hat.
- (N) Weil Till wirklich Eulen und Meerkatzen gebacken hat.
- (I) Weil Till ihn ausgelacht hat.

❼ Wie bestraft er Till dafür?
- (K) Till muss den Teig bezahlen und gehen.
- (L) Till bekommt ein Geschenk.
- (M) Till soll das Gebackene für den Bäcker verkaufen.

Das **Lösungswort** sagt dir, wie man diese Art Geschichte nennt:

_ _ _ _ _ _ _

2. Wie endet die Geschichte?

_____

_____

_____

Till bäckt Eulen und Meerkatzen

1. Was für ungewöhnliche Semmelformen fallen dir ein? Male sie auf.

2. Rätselgitter 7 Wörter aus der Geschichte sind hier versteckt. Kreise sie ein.

E	E	K	O	N	E	U	M	A	Ö	F	L	U
M	U	I	F	S	P	L	W	M	K	E	H	K
B	L	G	T	E	I	G	H	J	A	U	B	F
Ä	E	B	O	M	V	D	E	E	T	L	M	L
Z	N	U	Z	M	G	P	U	P	R	E	E	L
J	S	P	I	E	Ä	D	C	K	P	N	E	V
V	P	M	M	L	L	I	S	L	W	G	R	A
Z	I	C	K	G	E	S	E	L	L	E	K	D
B	E	H	O	A	R	B	K	M	M	B	A	I
I	G	G	E	T	Ö	P	G	A	R	F	T	H
D	E	M	U	D	B	Ä	C	K	E	R	Z	U
N	L	E	N	S	P	W	C	K	B	Z	E	P
U	W	N	L	L	H	R	E	U	P	Ö	N	Z

Inge Schmidtke: Lesekompetenz entwickeln, Band 1
© Persen Verlag

Till lehrt einem Esel das Lesen

Auf die Gelehrten, die ehrwürdigen Professoren und Doktoren war Till nie gut zu sprechen. Er versuchte ihnen einen Streich zu spielen, wo er nur konnte.

In einer Stadt ließ Till einen Zettel anschlagen, darauf stand, dass er ein überaus gelehrter Herr sei, der jedem leicht das Lesen beibringen könne. Einige Gelehrte, die davon hörten, wollten Till gern übel mitspielen und brachten ihm einen alten Esel. Sie fragten Till, ob er diesem Esel nicht das Lesen beibringen könnte. Das dürfte einem so klugen Manne wie ihm doch keine Schwierigkeiten bereiten! „Auch unter denen, die lesen können, gibt es genug störrische, alte und junge Esel", sagte Till, verbeugte sich und nahm den Esel mit.

Er führte ihn zum nächsten Stall. Dort zog er ein altes Gebetsbuch hervor und legte es dem Esel in die Futterkrippe. Dann streute er Hafer zwischen die Blätter des Buches. Schon bald blätterte der hungrige Esel mit dem Maul eifrig im Buch, um an den Hafer zu kommen. An den Stellen im Buch, wo der Esel keinen Hafer finden konnte, schrie er laut: „I – A, I – A!"

Till ging zu den Gelehrten und bat sie, am nächsten Tag zu kommen, um selbst zu sehen, was er dem Esel beigebracht habe. Nun gab Till dem Esel nichts mehr zu fressen, damit dieser mit großem Hunger auf seinen Hafer wartete.

Am nächsten Morgen kamen die Gelehrten mit einigen Studenten. Neugierig versammelten sie sich um Till und seinen Esel. Till holte sein Buch heraus und legte es dem Esel vors Maul. Sofort fing der Esel an, im Buch zu blättern. Er konnte aber keinen Hafer finden. Mit lauter Stimme fing er an zu schreien: „I – A, I – A!"
„Seht ihr", sagte Till stolz, „die beiden Vokale I und A habe ich ihn bereits gelehrt, mit den anderen wird's noch ein wenig dauern."
Wütend gingen die Gelehrten davon. Wieder einmal hatte Till sie zum Narren gehalten.

„Um alle Esel hier klug zu machen – das würde mehr Zeit kosten, als mir zusteht", dachte Till und zog vergnügt weiter.

Neu erzählt von Heinz Janisch

Till lehrt einem Esel das Lesen

1. Setze die richtigen Wörter ein.

❶ Till war auf Doktoren und ⬜⬜⬜⬜⬜⬜⬜⬜⬜ nicht gut zu sprechen.
                       6

❷ Auf Tills Zettel stand, er könnte jedem das ⬜⬜⬜⬜ beibringen.
                       3

❸ Die Gelehrten brachten Till einen ⬜⬜⬜.
                       2

❹ Zwischen die Blätter des Buches streute Till ⬜⬜⬜⬜.
                       5   4

❺ Till gab dem Esel nichts zu fressen, damit er ⬜⬜⬜⬜⬜ hat.
                       1

❻ Die Gelehrten kamen und brachten einige ⬜⬜⬜⬜⬜⬜ mit.
                       7

❼ Till sagte: „Die ⬜⬜⬜⬜ I und A habe ich ihm bereits gelehrt."
                       8

Lösungswort: ⬜⬜⬜⬜⬜⬜⬜
            1 2 3 4 5 6 7 8

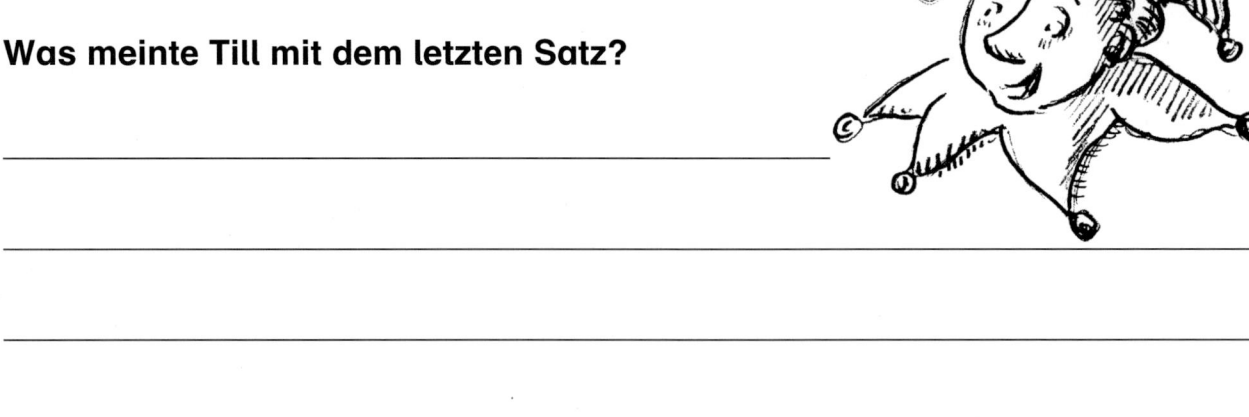

2. Was meinte Till mit dem letzten Satz?

_____

_____

_____

_____

Inge Schmidtke: Lesekompetenz entwickeln, Band 1
© Persen Verlag

1. Beantworte die Fragen.

Allgemeine Merkmale eines Schwanks	So ist es beim Schwank „Till Eulenspiegel lehrt einem Esel das Lesen".

Allgemeine Merkmale eines Schwanks

Ein Schwank handelt von einem komischen Ereignis.

Häufig wird ein Dummer (oder mehrere) durch einen gerissenen Helden mit Witz und List verspottet.

Die Handlung ist knapp erzählt und auf eine Pointe / einen Höhepunkt zugespitzt.

So ist es beim Schwank „Till Eulenspiegel lehrt einem Esel das Lesen".

❶ Um welches „komische Ereignis" geht es?

_____

_____

❷ Wer ist der Held?

_____

❸ Wer sind die anscheinend Klügeren, aber in Wirklichkeit die Dummen?

_____

❹ Welche List wendet Till an?

_____

_____

❺ Inwiefern verspottet er die Gelehrten?

_____

_____

❻ Was ist der Höhepunkt?

_____

_____

❼ An welchen Stellen könnte man die Handlung noch ausschmücken?

_____

_____

Der Löwe und die Maus

Ein Löwe lag im Schatten eines Baumes und schlief.
Einige Mäuse liefen neugierig zu ihm hin, und weil sich das schlafende mächtige Tier nicht bewegte, hüpfte eine der Mäuse zwischen seine Pranken. Da wurden auch die anderen mutig und bald tanzten alle Mäuse auf dem schlafenden König der Tiere.

Die tanzenden Mäuse auf seinem Körper aber weckten den Löwen auf, er schüttelte sich unwillig und fing eine von ihnen mit seiner Pranke. Es war jene Maus, die sich als Erste zu ihm gewagt hatte. Nun, unter der gewaltigen Pranke des Löwen zitterte die Maus wohl vor Furcht, versuchte aber, es nicht zu zeigen, und rief: „Ich bitte dich, schone mein Leben! Ich will es dir mit einem Gegendienst vergelten."

Der Löwe hob verdutzt seine Pranke und musste wider Willen über die dreiste Rede des kleinen Tierchens lachen und ließ es laufen.

Einige Zeit später geriet der Löwe in eine Falle.
Es war aber nicht fern von jener Stelle, wo die Maus in ihrem Erdloch lebte. Als sie den Löwen hilflos in den Netzen der Jäger sah, lief sie zu ihm und nagte mit ihren spitzen Zähnen eine Schlinge entzwei. Dadurch lösten sich die anderen Knoten, und der Löwe konnte das Netz zerreißen und war wieder frei.

Keiner ist so schwach, dass er nicht auch einmal einem Starken helfen könnte.

Äsop

**Trage in die Gedankenblase ein,
was der Löwe wohl denkt.**

Inge Schmidtke: Lesekompetenz entwickeln, Band 1
© Persen Verlag

Der Löwe und die Maus

1. Beantworte die Fragen.

Allgemeine Merkmale einer Fabel

In einer Fabel handeln meistens Tiere.

Die einzelnen Tiere in der Fabel haben typische Eigenschaften, z.B. Wolf: böse, Ameise: fleißig

Die Tiere sprechen und handeln wie Menschen.

Eine Fabel will meistens eine Lehre erteilen.

So ist das bei der Fabel „Der Löwe und die Maus".

❶ Welche Tiere handeln?

_____

❷ Welche Eigenschaften hat

ein Löwe? _____

eine Maus? _____

❸ Was tun die Mäuse?

_____

❹ Wen fängt der Löwe?

_____

❺ Was sagt die gefangene Maus?

_____

❻ Was tut der Löwe?

_____

❼ Was passiert dem Löwen?

_____

❽ Wie wird er gerettet?

_____

❾ Welche Lehre wird erteilt?

_____

2. Kannst du diese Bilderrätsel lösen?

❶ 1

❷ 1

 ✗,✗

3

Lösung: __ __ __ __

Lösung: __ __ __ __

Die Grille und die Ameisen

An einem sonnigen Wintertage trugen die Ameisen ihren Vorrat an Korn, welcher durch die lange Regenzeit feucht geworden war, zum Trocknen an die Sonne.

Vom Dufte des Getreides angelockt, kam eine Grille herzugesprungen und bettelte: „Ach, schenkt mir ein paar Körner, ich leide solche Not; und der Winter ist noch lang!"

Einen Augenblick hörten die geschäftigen Ameisen auf zu arbeiten. Sie musterten die Grille mit schiefen Blicken und fragten sie: „Ist es erlaubt nachzuforschen, was du den ganzen Sommer über getan hast?

Woher kann es kommen, dass du keine Vorräte gesammelt hast?"
„Ich musste so viel singen; ich hatte keine Zeit, an den Winter zu denken", antwortete die Grille.

Verächtlich wandten die Ameisen sich wieder ihrer Arbeit zu. „So, so", kicherten sie, „nun, wenn du den Sommer singend verbrachtest, so kannst du nichts Besseres tun, als im Winter zu tanzen. Aber störe ehrliche Leute nicht in ihrer Arbeit."

Äsop

Welche Antwort stimmt? Markiere.

❶ Was tun die Ameisen?
- (K) Fressen Körner.
- (D) Sammeln Korn.
- (A) Bringen ihr Korn zum Trocknen.

❷ Was lockte die Grille an?
- (M) Der Duft des Getreides.
- (O) Der Duft des Sommers.
- (S) Das viele Getreide.

❸ Was tut die Grille?
- (A) Bettelt um Hilfe.
- (T) Bettelt um Wasser.
- (E) Bettelt um Körner.

❹ Was wollen die Ameisen wissen?
- (H) Warum die Grille gerade zu ihnen kommt.
- (I) Warum die Grille keine Vorräte gesammelt hat.
- (W) Wie viele Körner sie haben will.

❺ Warum hat die Grille keine Vorräte gesammelt?
- (S) Weil sie so viel singen musste.
- (A) Weil sie den ganzen Sommer tanzen musste.
- (B) Weil sie zu faul war.

❻ Wie verhalten sich die Ameisen gegenüber der Grille?
- (C) Hilfsbereit.
- (D) Dumm.
- (E) Verächtlich.

Lösungswort: __ __ __ __ __ __

Inge Schmidtke: Lesekompetenz entwickeln, Band 1
© Persen Verlag

Die Grille und die Ameisen

1. Schreibe auf.

Welchen Rat geben die Ameisen der Grille?

_____

_____

_____

_____

2. Kannst du diese Bilderrätsel lösen?

❶

2   Lösung: __ __ __ __ __ __

❷

1, 2 +r   d = t   Lösung: __ __ __ __ __ __

Die Grille und der Maulwurf

Eine Grille hatte den ganzen Sommer
über nichts anderes getan, als gegeigt und
gegeigt und gegeigt. Und als dann
der Winter kam hatte sie nichts zu essen,
denn sie hatte das Feld nicht bestellt,
also auch keine Ernte. Hatte keine Wolle
gezupft, also auch keine Handschuh.
Hatte kein Winterhaus gebaut, also auch
keinen Ofen. Und sie fror bitterlich und
sehr.

Da ging sie zum Hirschkäfer und sprach:
„Sie sind doch der Oberförster im Wald,
denn Sie haben ein Geweih. Könnte ich
ein bisschen bei Ihnen wohnen?"
„Oh nein", sagte der Hirschkäfer, „oh nein,
gewiss nicht ..."
Und die Grille ging weiter, fragte die Maus,
ob sie ein bisschen von ihren Nüsschen ...
„Oh nein," sagte die Maus, „oh nein,
gewiss nicht und gar nicht."

Da stapfte die Grille weiter
in dieser jämmerlichen Kälte und
ging zum Maulwurf, der dort hinten
in einer Kellerwohnung haust, mit Ofen.
„Oh, Besuch!", rief der Maulwurf.
„Kommen Sie, damit ich Sie etwas befühlen
kann, sehe nämlich nicht gut, weil ich blind
bin. Kommt von der schwarzen Erde,
wo ich arbeite. Macht nix."
Als er die Grille erkannt hatte,
freute er sich, denn er hatte im Sommer
oft ihrem Gefiedel gelauscht.
Wer schlecht sieht, der hört gern zu,
wenn einer Musik spielt.
„Ach, bleib doch bei mir", sagte der
Maulwurf, „und spiel mir was auf deiner
Fiedel, ja!" Und die Grille blieb und
sie machten sich ein schönes, warmes
Leben zusammen. Sie kochten sich
gute Krautsuppe mit Mausespeck.
Oder zwei süße Erbsen. Pro Person.
Abends lasen sie zusammen in der Wald-
zeitung, hinten bollerte der Ofen.
Das Sofa war schön weich, und sie haben
sich nie, nie gezankt. Ach, war das eine
gemütliche Zeit! Wohl die schönste Zeit
in ihrem ganzen Leben.

Janosch

Rätsel

❶ Er ist der Oberförster im Wald.

4

❷ Sie hat Nüsse gesammelt.

1

❸ Er wohnt im Keller.

2

❹ Sie ist eine Meisterin im Geigen.

3

Lösungswort:

1 2 3 4

1. Welche Antwort stimmt?
Markiere.

❶ Was hatte die Grille den ganzen Sommer getan?

- (B) Gesungen.
- (S) Gegessen.
- (E) Gegeigt.

❷ Warum hat die Grille im Winter nichts zu essen?

- (R) Weil sie das Feld nicht bestellt hat und so nichts ernten konnte.
- (T) Weil sie ihre Ernte verloren hat.
- (W) Weil ihre Ernte zerstört wurde.

❸ Warum friert die Grille?

- (E) Weil sie ihr Haus verlassen hat.
- (A) Weil sie ihr Haus verloren hat.
- (B) Weil sie kein Winterhaus gebaut hat.

❹ Zu wem geht die Grille alles?

- (S) Hirschkäfer, Maus und Maulwurf.
- (O) Kartoffelkäfer, Maus und Maulwurf.
- (P) Hirschkäfer, Eichhörnchen und Maulwurf.

❺ Wer lässt sie herein?

- (K) Maus.
- (E) Maulwurf.
- (R) Mehlwurm.

Lösungswort: __ __ __ __ __

2. Schreibe auf.

❶ Warum nimmt der Maulwurf die Grille auf?

_____

❷ Warum war die gemeinsame Zeit von der Grille und dem Maulwurf wohl die schönste in ihrem Leben?

_____

❸ Welche Lehre will uns die Fabel erteilen?

_____

1. Beantworte die Fragen.

Fragen	Die Grille und die Ameise	Die Grille und der Maulwurf
❶ Wer hat die Fabel geschrieben?		
❷ Welche Tiere kommen vor?		
❸ Wann spielt die Handlung?		
❹ Welche Probleme hat die Grille?		
❺ Wie versucht die Grille das Problem zu lösen?		
❻ Wer hilft der Grille?		
❼ Welche Lehre wird erteilt?		

2. Vergleiche die Texte.

❶ Was ist gleich?

❷ Was ist unterschiedlich?

Inge Schmidtke: Lesekompetenz entwickeln, Band 1
© Persen Verlag

Siegfrieds Drachenkampf

Siegfried, der Held, baute im Wald
des schrecklichen Drachens Fafner
einen Kohlenmeiler[1], um Holzkohlen
für sein Schmiedefeuer zu brennen.

Als er den Meiler gerade anzündete,
schoss der Drache aus seiner Höhle.
Fürchterlich war er anzusehen.
Schwefelrauch quoll aus seinen Nüstern.
Er hob seine gewaltigen Pranken,
riss das Maul auf und stieß ein Fauchen
und Grollen hervor.

Siegfried zerrte einen glühenden Baumstamm aus dem Meiler und rammte
dem Drachen das Holz in den Schlund.
Das Untier heulte vor Schmerz auf
und verfolgte Siegfried. Der aber lief
rund um den Meiler herum.
Blind vor Wut wollte der Drache ihn
packen. Er versuchte, über den Meiler zu
springen. Da stieß Siegfried noch einmal
mit dem Baumstamm zu. Der Drache

stürzte in das Feuer und verbrannte.
Seine Hornhaut schmolz in der großen Hitze
und quoll in breitem Strom aus dem Feuer
heraus. Ein kleiner Vogel begann
zu zwitschern. Siegfried verstand,
was er sang:

*„Tauch ein, tauch ein – ins Drachenblut. –
Tut gut, tut gut. – Die Haut wird sein –
so hart wie Stein, – so hart, so hart –
Marmelstein[2]."*

Da badete Siegfried im Blute des Drachen.
Seine Haut wurde so undurchdringlich
wie ein Drachenpanzer. Ein Lindenblatt
aber war vom Baum gefallen und hatte
sich zwischen Siegfrieds Schulterblätter
gelegt.
Diese Stelle konnte nicht von der Hornhaut
überzogen werden. Sie blieb der einzig
verwundbare Teil seines Lebens.

Nacherzählt von Willi Fährmann

[1] Ofen
[2] Marmor

1. Beantworte die Fragen.

❶ Was baute Siegfried?

_____

❷ Wer schoss aus seiner Höhle?

_____

❸ Weshalb wurde Siegfried verfolgt?

_____

_____

❹ Was geschah mit dem Drachen?

_____

_____

❺ Was tat Siegfried dann?

_____

_____

❻ Welche Stelle blieb verwundbar? Warum?

_____

_____

2. Zeichne ein Leporello.
- Male zu jedem Abschnitt ein Bild (DIN A5).
- Klebe die Bilder wie eine Ziehharmonika aneinander.
- Nun kannst du dein Leporello aufstellen.

3. Halbe Wörter.
Erkennst du diese Wörter?

DRACHEN   PANZER

Inge Schmidtke: Lesekompetenz entwickeln, Band 1
© Persen Verlag

Die Sage von der Entstehung der Insel Hiddensee

In alter Zeit, als Hiddensee noch
mit Rügen verbunden gewesen war,
lebten auf der Insel eine reiche und
eine arme Frau.

Eines Abends wütete ein schwerer Sturm
und es regnete in Strömen, da klopfte
ein kleiner Mann bei der reichen Frau an
und bat um ein Nachtlager. Die Frau
erfand allerlei Ausreden und beschimpfte
ihn. Da ging er zu der armen Frau.
Sie öffnete ihm, bot ihm zu essen und
zu trinken an und bereitete ihm
ein Nachtlager.

Am anderen Morgen verabschiedete sich
das Männchen mit dem Wunsch:
„Die erste Arbeit, die du beginnst,
soll dir gesegnet sein."
Sie hatte vor, einen Rock für ihre Tochter
zu nähen und ging an den Koffer, wo das
Leinenzeug verwahrt war. Als sie nun
maß, wollte das Tuch kein Ende nehmen.
Ihr Haus füllte sich mit wertvollen Stoffen.

Das sprach sich schnell herum und
die reiche Frau lief dem kleinen Mann nach,
um ihn für die nächste Nacht einzuladen.
Das Männlein ließ sich bewegen und
kehrte bei ihr ein. Am Morgen sagte er
wieder:
„Die erste Arbeit, die du beginnst,
soll dir gesegnet sein."

Die Frau hatte sich vorgenommen,
ihr gespartes Geld zu zählen, als sie dachte:
„Ich muss erst noch ein kleines Geschäft
verrichten, damit ich nachher in Ruhe
mein Geld zählen kann."
Als sie nun ihr kleines Geschäft anfing,
hörte es nicht wieder auf – und das Land
wurde überschwemmt.

Die neu entstandene Insel erhielt
nach dem Namen der Frau, die Mutter
Hidden hieß, den Namen Hiddensee.

Frei erzählt nach Hans Findeeisen

Wie heißt der Ort in dem ihr wohnt?
Denkt euch eine Geschichte aus, warum er so heißt.

Die

Die Sage von der Entstehung der Insel Hiddensee

1. Welche Antwort stimmt?
Markiere.

❶ Womit war die Insel Hiddensee in alter Zeit verbunden?
- (H) Mit keiner Insel.
- (F) Mit der Insel Rügen.
- (K) Mit der Insel Usedom.

❷ Worum bittet der kleine Mann?
- (E) Um Brot.
- (T) Um einen Regenschirm.
- (R) Um ein Nachtlager.

❸ Wie reagiert die reiche Frau?
- (A) Lässt ihn nicht herein.
- (U) Lässt ihn herein.
- (S) Sagt, er soll am nächsten Tag wiederkommen.

❹ Wie reagiert die arme Frau?
- (Z) Gibt ihm zu essen und setzt ihn wieder vor die Tür.
- (P) Lässt ihn nicht herein.
- (U) Gibt ihm zu essen und zu trinken und ein Nachtlager.

Lösungswort: __ __ __ __

2. Schreibe auf.

❶ Wie verabschiedet sich das Männchen?

_____

❷ Was geschieht der armen Frau?

_____

❸ Was tut die reiche Frau nun?

_____

❹ Wie wird erklärt, wie die Insel Hiddensee entstanden ist?

_____

_____

❺ Warum heißt die Insel Hiddensee?

_____

Inge Schmidtke: Lesekompetenz entwickeln, Band 1
© Persen Verlag

Das Ochsenkopfmännlein im Fichtelgebirge

Vor langer Zeit hüteten am Ochsenkopf[1]
zwei Buben und ein Mädchen
eine Kuhherde. Die Buben waren
Kinder wohlhabender Bauern,
die Eltern des Mädchens aber waren arm.
Die kleinen Kameraden erzählten sich
allerlei Märlein[2], die sie von den Zwergen
des Ochsenkopfes wussten. Auf einmal
gesellte sich zu ihnen ein graues Männlein,
das aufmerksam ihren Gesprächen zuhörte.
Endlich sagte es: „Ihr seid gute Kinder,
darum will ich euch beschenken." Es zog
aus der Tasche drei Laib Brot und reichte
jedem Kind eins. Darauf entfernte es sich.

Die Buben lachten über das ärmliche
Geschenk und hielten es nicht wert.
Der eine nahm seinen Laib und warf ihn
auf die Erde. Er hüpfte in weiten Sprüngen
den Berg hinab, bis er sich
zwischen struppigem Gebüsch verlor.
Da sprach der andere Bub im Übermut:
„Halt! Mein Laib muss den deinen suchen!"
Und er warf ihn ebenfalls auf die Erde.
Er nahm denselben Weg wie der erste.
Nun wollten die leichtsinnigen Flegel
auch das Mädchen überreden,
ihr Geschenk wegzuwerfen.

Die Kleine aber hüllte es eilig
in ihr Schürzchen und sprach:
„Wie wird es meine guten Eltern freuen,
wenn ich ihnen etwas mit nach Hause
bringe!"

Als sie nun heimkam und das Brot
aufschnitt, fand man einen schweren
Klumpen Gold darin, und Reichtum zog
in die armselige Hütte ein, wo bisher
so großer Mangel geherrscht hatte.
Als die beiden Buben von dem Glück
ihrer kleinen Freundin hörten, eilten sie
zurück, um die verschmähten Geschenke
des grauen Männleins zu suchen.
Sie fanden sie aber nicht wieder.

Alfons Schweiggert

1. **Schaue im Atlas nach,**
   wo das Fichtelgebirge liegt.

2. **Wie stellst du dir das graue Männlein vor?**
   Zeichne es.

[1] Zweithöchster Berg im Fichtelgebirge
[2] Märchen

Das Ochsenkopfmännlein im Fichtelgebirge

1. Roter Faden
Beantworte die Fragen mit einem kurzen Stichpunkt.

❶ Wo spielt die Sage?

❷ Wie waren die Buben?

❸ Wie war das Mädchen?

❹ Was erzählten sie sich?

❺ Was tat das graue Männlein?

❻ Was machten die beiden Buben?

❼ Was machte das Mädchen mit dem Brot?

❽ Was passierte, als das Mädchen das Brot aufschnitt?

❾ Was taten die Buben, als sie vom Glück des Mädchens hörten?

❿ Wie endet die Sage?

2. Erzähle die Sage nach.
Der rote Faden hilft dir dabei.

Inge Schmidtke: Lesekompetenz entwickeln, Band 1
© Persen Verlag

Die Sage von der Entstehung der Insel Hiddensee –
Das Ochsenkopfmännlein im Fichtelgebirge

Allgemeine Merkmale einer Sage

❶ Sagen knüpfen an etwas Tatsächliches an, z.B. einen Ort, eine Gegend, ein Naturereignis oder ein geschichtliches Ereignis.

❷ In Sagen gibt es Figuren mit übernatürlichen Kräften, z.B. Geister, Hexen, Teufel.

❸ Sagen erzählen von sonderbaren, fantastischen Ereignissen.

❹ Wie im Märchen kann in der Sage das Gute belohnt und das Böse bestraft werden.

Fülle die Tabelle aus.

	Die Sage von der Entstehung der Insel Hiddensee	Das Ochsenkopfmännlein im Fichtelgebirge
❶	Die Insel Hiddensee	
❷		Das graue Männlein
❸		
❹		

Text- und Liednachweis

1. Kurze Erzählungen

Seite 6:   Hasler, Eveline: *Der Buchstabenclown.* © 1985 Deutscher Taschenbuch Verlag, München

Seite 9:   Claudius, Matthias: *Vom Schneider und dem Elefanten.* Aus: Sprachfuchs,
         Übungsbuch für das 2. Schuljahr, 1985 Ernst Klett Schulbuchverlag, Stuttgart

Seite 10:   Welsh, Renate: *Nina und die Unordnung*

Seite 13:   Zöller, Elisabeth: *Liebste Mecker-Oma.* Aus: Elisabeth Zöller, Kleine Omageschichten
         © 1997 arsEdition GmbH, München

Seite 15:   Boehme, Julia: *Der Tausch.* Aus: Lesepiraten-Freundschaftsgeschichten
         © 2001 by Loewe Verlag, Bindlach

Seite 18:   Schuhe auf Rollen, Aus: Abenteuerland 3, Lesebuch, 2002 Ernst Klett Schulbuchverlag, Stuttgart

2. Erzählungen in differenzierten Fassungen

Seite 20:   Nahrgang, Frauke: *Katja, der Fernsehstar.* Aus: Katja und die Buchstaben,
         1995 Beltz & Gelberg Verlag, Weinheim und Basel

Seite 25:   Pressler, Mirjam: *Eine kleine Schwester.* Aus: Leseloewen-Geschwistergeschichten
         © 1993 by Loewe Verlag, Bindlach

Seite 27:   Schell, Katharina E.: *Elsita wird Pandaexpertin*

Seite 31:   Korschunow, Irina: *Gökan hat Mut.* Aus: Irina Korschunow, Petzen ist gemein und andere Schul-
         geschichten. © 1997 by Arena Verlag GmbH, Würzburg

Seite 36:   Nahrgang, Frauke: *Küssen verboten.* Aus: Frauke Nahrgang, Küssen verboten,
         2000 Beltz & Gelberg Verlag, Weinheim und Basel

Seite 41:   Steinwart, Anne: *Ein Tiger will lesen*

Seite 45:   Nöstlinger, Christine: *Rosalinde hat Gedanken im Kopf.* © Verlag Friedrich Oetinger, Hamburg

Seite 51:   Arold, Marliese: *Die verpatzte Walpurgisnacht-Party.* Aus: Traumhafte Leselöwen-Geschichten
         © 2001 by Loewe Verlag, Bindlach

3. Märchen, Schwänke, Fabeln, Sagen

Seite 58:   Brüder Grimm, *Frau Holle.* Aus: Rainer Wehse und Dorothee Enzian (Hrsg.),
         Unsere beliebtesten Märchen, 1989 Bassermann, Niedernhausen/Ts.

Seite 62   Klein, Richard Rudolf: *Frau Holle.* Aus: Willkommen lieber Tag, Bd. 2, 1971 Diesterweg, Frankfurt
         (Text Strophe 2 bis 4: Maria Werner)

Seite 63:   Brüder Grimm: *Die drei Federn.* Aus: Kinder- und Hausmärchen in der ersten Gestalt,
         1962 Fischer Verlag, Frankfurt a.M.

Seite 68:   Janisch, Heinz: *Till bäckt Eulen und Meerkatzen.* Aus: Till Eulenspiegel von Heinz Janisch,
         illustriert von Lisbeth Zwerger © 1990 Michael Neugebauer Verlag, Verlagsgruppe Nord-Süd
         Verlag AG, Gossau Zürich/Schweiz

Seite 71:   Janisch, Heinz: *Till lehrt einen Esel das Lesen.* Aus: Till Eulenspiegel von Heinz Janisch,
         illustriert von Lisbeth Zwerger © 1990 Michael Neugebauer Verlag, Verlagsgruppe Nord-Süd
         Verlag AG, Gossau Zürich/Schweiz

Seite 74:   Äsop: *Der Löwe und die Maus.* Aus: Die Grille, der Löwe und die Wahrheit, Reihe:
         Weisheit der Natur, 1992 Scherz Verlag, München, Basel und Wien

Seite 76:   Äsop: *Die Grille und die Ameise.* Aus: Die Grille, der Löwe und die Wahrheit, Reihe:
         Weisheit der Natur, 1992 Scherz Verlag, München, Basel und Wien

Seite 78:   Janosch: *Die Grille und der Maulwurf.* Aus: Die Maus hat rote Strümpfe an, 1978 Beltz & Gelberg
         Verlag, Weinheim und Basel

Seite 81:   Fährmann, Willi: *Siegfrieds Drachenkampf.* Aus: Siegfried von Xanten, 1992

Seite 83:   Findeisen, Hans (frei nacherzählt): *Die Sage von der Entstehung der Insel Hiddensee.*
         Aus: Michael Bade und Wolf Dieter Stock: Hiddensee – Land der Fischer, Maler und Poeten,
         1993 Galerie Verlag, Fischerhude

Seite 85:   Schweiggert, Alfons: *Das Ochsenkopfmännlein im Fichtelgebirge.* Aus: Bayerische Märchen,
         1995 Ehrenwirth Verlag, München

Inge Schmidtke: Lesekompetenz entwickeln, Band 1
© Persen Verlag